怪談聖

あやしかいわ

糸柳寿昭

竹書房
怪談
文庫

目次

※本書に登場する人物名は、実在・存命の人物名を伏せるための仮名を除き、歴史上に実在したものとして伝承されている人物の実名及び、歴史的資料の作者筆名です。先行する歴史研究資料等に基づき極力正確な表記を心がけていますが、一部、表記困難なため新字に置き換えている箇所があります。また、作中に登場する歴史的資料からの引用内容などは、発表当時のものを可能な限りそのまま掲載しています。実在の歴史上の人物名と文献資料の表記が異なる場合、可能な限り、通用表記と原典表記に準拠しています。これらは現代に於いては若干耳慣れない言葉・表現である場合がありますが、差別・侮蔑を意図する考えに基づくものではありません。

美しき、愛しき、哀しき、微笑ましき、狂わしき、そして怪しき。
あなたの息を止めるものは、すべて会話のなかにあります。

「開けてはいけない」

「ごめん、寝坊しちゃった！　すぐ準備するから、ちょっと持っててね、急ぐから」

「オマエ、今日休みだろ。別に居ていいし。ゆっくりしていきな。これ合鍵ね」

「え？　いいの……居ても？　合鍵も？」

「いいよ。そのまま持ってて。冷蔵庫のなかのもの、勝手に食べていいよ」

「じゃあ、帰ってくるの……ここで待っててもいい？」

「用事ないなら居たらいいじゃん。あ、なんか夜、メシでも作ってよ」

「わかった。ありがとう。お言葉に甘える。嬉しい。大好き」

「それじゃ行ってくるな。最近物騒だからインターホン鳴っても、でなくていいから」

「うん、わかった。お仕事がんばってね」

「あ！　あとベランダにおんなのひと立ってたら、開けちゃダメだよ。無視して」

「え……ここ十二階でしょ。どうやって登ってくるの、そのひと」

「わかんない。無視してたら窓にまわってくることあるから、それも無視して」

「窓？　足場ないよ。っていうか誰なの？　そのおんなのひと」

「知らない。なんか自殺したひとっぽいよ。大丈夫、見たらわかるから。頭が割れてるし、すぐにわかるわかる。それじゃあ行ってくるね！　オマエは逃げるなよ」

「窓の友だち」

「大阪市に住んでいるNと申します。よろしくお願い致します。

小学生のときの体験です。帰宅途中に突然『Nくん』と呼ばれたので振りかえりました。通りすぎた家の窓から、隣のクラスのTくんが手を振っていたんです」


「おっすー。いま帰り？」

「おお。Tやん。あれ？　お前の家ここ？」

「うん。今日は学校、どうやった？」

「どうやったって、フツーかな。いつも通り。それパジャマ？」

「うん。今日、学校休んでん」

「そうなんや。その割には元気そーやな」

「病院行ったから、もう大丈夫やで。また学校で会おー」

「オッケー。ほなまたなー。ばいばーい！」


「数日経った放課後。校庭で私が同級生たちとボール遊びをしていると、Tくんが歩いてきました。私は先日のことを思いだして、声をかけたんです」


「おう、T！　もう風邪、大丈夫なんか？」

「風邪？　なんのこと？」

「お前、このあいだ風邪ひいて学校休んでたやろ」

「うん、休んでた。なんで知ってるん？」

「なんでって、オレが帰ってるとき、窓から声かけてきたやん」

「声かけた？　いや、声なんかかけてないよ」

「なんでやねん、しゃべったやんけ」

「しゃべってないって。誰かと間違えとるんと違うか」

「間違えてないて。ほら、お前の家って西町の一軒家やろ」

「西町？　違うで。オレん家、東町のマンションやで」

「うそ。ほな、オレが間違えたんか？」

「そうやと思うで。家の方向も違うし、そっくりさんと間違えたんやろ」

「なんか紫色のパジャマ着た、お前にそっくりなやつがおってん」

「紫色のパジャマ？」

「パジャマのことを言うとTくんはなぜか眉間にシワをよせたのを覚えています。

そのとき、同級生が投げたボールが飛んできたので、私は会話を切りあげることにしました。Tくんに『まあ、オレが見間違えたんやろ。すまん、すまん』って言って。首をかしげているTくんをよそに、私はボール遊びにもどりました。

さらにそれから一年ほど経った、ある休日。母親に買い物を頼まれた私が歩いていると、トラックが道をふさいでいました。トラックの傍らにTくんが立っていました。Tくんは私をみつけると声をかけてきました」

「おう、なにしてるの？」

「引っ越しやねん。今日からこの家に住むから」

「え？　この家？」

「指さす家は一年前にTくんらしき子と窓から話した家でした。

一瞬（やっぱりここ住んでたんや、なんでウソ吐くんや？）と思いましたが、トラックは引っ越しの業者だし、荷物をどんどん家に入れている最中だったんです。

なんだかよくわからないまま彼と別れました。

それからもずっと別のクラスだったTくんとはあまり遊ばなかったので、いまでもよくわからないままなんです。いったいなんだったんでしょうか。

あと……関係ないとは思うのですが。

Tくんは小学校を卒業する前に、重い病気にかかり学校にこなくなりました」

「忠告にきたひと」

「怖い話、不思議な話ってが。それ聞いてまわってらんだが？　変わったお仕事だの。

うーん、変な話だば。この辺は雪が凄いのさ。ご存知だど思うけど。

ほら、すぐそごさ空地あったべ。

そごささ、私のお祖母ちゃんが使ってだ小屋があったのさ。

どれくらい前だべね、二十年ぐらいは経つと思うんだけど。

盛岡のほうから来た○○さんって男のひとさ、その小屋ば貸したのよ。

ん？　そのひと？　お祖母ちゃんの友だち。長いつきあいのひとだったみたいだの。

もちろん、じゅうぶん住めるくらいの広さはあったし住めるんだばって、ほとんど家としては使ってなかったはんで。そこさ三年くらい住んでたんでねーべか。

ある夜、もの凄い豪雪で。

これだば、明日雪かき大変だな、って思ってあったのさ。
翌朝の六時くらいだったべかね。
お祖母ちゃんがお母さんと私ば起こしたのさ。
『小屋が潰れるはんで○○さんば外さ出さねーば』
そったらこと言うのさ。なんでそう思うの？　って聞いたら。
さっきインターホンが鳴って。お祖母ちゃんがでたらしいのさ。
ウチはこの通り玄関のとこ風除室、二重扉になってるはんで、鍵ばふたつ開けて。
したっきゃ中年の女性がすっと入ってきたらしいのよ。
びしょびしょの女性。その女性が小屋が潰れるって教えてくれたって言うんだよの。
『お祖母ちゃん。インターホンなんか鳴ってないべさ。そのおんなのひとはどごよ？』
『消えでまった。いいはんで、とにかぐはやぐ○○さんば出してやってけ』
仕方ねーはんで小屋さ行って寝でった○○さんば起ごして、ここさ連れできたのよ。
連れできて五分くらいだべかね。
すごい音が響いて。小屋が本当に潰れたのさ。
雪の重みで古い家が倒壊することがときどきあるんだばって。

みんな、びっくりしてまって。

え？　どんな女性だったが？　んだっきゃ、そこ気になるっきゃの。

でも、お祖母ちゃん、なんでだかあまり話したがらなかったはんで、そごは詳しくわからないのさ。

ただ、お母さんが『本当に……誰か来てあったみたい』って言ってたのよ。

二重の玄関扉、その内側さ濡れた足跡があったらしくてさ。変な話だべ」

「そんなのないよ」

「怖い話？　そんなのないよ、なに売りつける気だい。帰りな。棒で叩くぞ。あ？　ゆうれいとか？　あんた頭、大丈夫か？　警察呼ぶよ。いいから帰れって。ウチの婆さんが夜中に仏壇みてケタケタ笑うぐらいだよ。帰んな」

「水面に立つ者」

「え？　聞いてまわっているんですか？　フィールドワークみたいな感じ？

うーん、私はそういう話はないんですけど……苦手ですし。

え？　そうですけど。あ、発音ですね。私、都内から嫁いできたんですよ。

ここら辺ですか？　住みやすいですよ。空気もきれいだし。ひともすくないし。

車がないと不便なのが難点ですけど、慣れれば別になんてことありません。

そういえば近所の……近所っていっても、ずいぶん離れているんですけどね、そこのおじいさんが、あ、もう亡くなってますけど生前、変なものをみたって、えらく興奮していることがあったたって聞きました。

いいえ、お家ではなく川です。嵐の日に、ひとが立っていたって。

そうです、水面に立っていたということだと思います。

おじいさんがちいさいころは、その川、よく氾濫とかおこしていたみたいで。防災対策が進んでから減ったらしいんですけど、その川で真っ白いひとが立って手招きしてたんですって。

それがなんなのかわからないし、他にもみたひとがいるなんていうのも聞いたことはないですけど。そのおじいさんは『まだ、あそこに立っていた』と言っていたらしいです。

だから、むかしからいるモノなのかもしれませんね。いまもいるのかな」

「ぷかぷか浮いていた」

「ん？　怖い話？　そんなの聞いてまわってると？　あんた相当変わっとるね。

いや、ないことはないんよ。ここもむかしは、いろいろあったけん。

このすぐ前の道なんか、毎晩よう大勢のひと、歩いとったわ。

週末は酔っ払いだらけで迷惑しとった。

ゴミは散らかすわ、そこら辺で用を足すわで、めちゃくちゃよ。

いまでこそ、こんなさびれとるけど。駅前の繁華街なんかより、栄えとったわ。

うん？　なにしに集まっとったかって？　そりゃ風呂よ。風呂屋と酒よ。ずらっと並んでたもんね、特に風呂屋が圧倒的に多かったわ。

え？　いや違う違う、風俗やないっちゃ、ただの風呂よ。家に風呂がないひとが多かったし、この辺はむかし炭鉱多かったけんね、風呂屋がめちゃくちゃあった。

風呂入ってから呑むひと、呑んでから風呂入るひと、いろいろ。
小学生から年寄りまでみんな一緒に入っとったよ。
その風呂屋のひとつで、おんなが死んどる言うて、騒ぎになったことがあった。
酒呑んで酔っぱらって寝たっちゃろ。湯船にぷかぷか浮いとったらしい。
そこからよ。その風呂屋で変な話がでたの。
湯船から、死んだおんなが顔だす言うてウワサになりおった。
気がついたら、顔半分だして浮かんどる言うて。気持ち悪かろ。
やっぱひとが来んようになってもうたっちゃ。
そこの風呂屋の主人も『どうしたもんかのう』言うて困っとった。
そりゃそうじゃのう。そこらじゅう風呂屋あるのに。
わざわざ変なウワサあるとこ、無理していく必要ないけんね。
でも気の強いヤツおって。みんなで酒呑んで、その風呂屋の話になったとき、
『ゆうれいごとき、一発喰らわしちゃる』
言うて、そこ行った奴おったんよ。みんな外で待っとった。
ぎゃああッて悲鳴あげよってから裸で飛びだして、外で引っくりかえって泡吹いとっ

たらしいよ。相当怖かったようで、もう呑みにも来んかったらしいわ。

でも……考えてみたら不思議じゃのう。そこ、いまと同じで男風呂と女風呂、別々やった。なんで女風呂で死んだのが、男風呂ででたんかのう。

その風呂屋はそのあとすぐに潰れて、また新しく風呂屋ができて。

オバケでた話なる思たら、もう聞かんかったわ。どういうことやろうね」

「久しぶりの電話」

「寝ているときスマホが鳴って。でたんですが半分寝ぼけてました。もしもしって。叔父さんですよ、親戚の。久しぶり、寝ていたのか？　元気か？　仕事はどうだ？　いろいろ聞かれて適当に答えていました。ある程度話して。何分くらいだったかな、しゃべっていたの。まあまあ長かったと思いますよ。話し終わるまでの時間。なんでスマホの番号知ってるんだろ。わかった、ママが教えたんだな。そんなことを考えながら、また寝ました。

翌日、ママに電話しました。叔父さんから電話あった、元気そうだったよって。そしたら、なに言ってるの、叔父さん去年亡くなったじゃない、って言うんですよ。

着信履歴ないし、夢でもみたのかって思いました。

でも横にいた一緒に住んでいる恋人、スマホでしゃべる声で目が覚めたって言ってるし、声がスマホから洩れて聞こえてたって。なんなんでしょうか。

しかも私、自分で言っちゃったんですよ、会話の流れでなんとなく。

はあ……なんであんなこと言ったのかなあ。今度さ、電話じゃなくてウチに遊びおいでよって。一緒にお酒でも呑もうよって。そしたら叔父さん、しばらく黙ってから。

わかった、行くよ――って」

「心霊スポットの帰り」

お疲れさまです。お待たせしてすみません。わざわざ、ありがとうございます。

先日、送ってもらった体験談のメール、とても面白かったです。

ちょっと聞きたいことがありまして。はい、よろしくお願い致します。

まず、お聞きしたいのは……えっと、そうそう、メモに書いていました。あなたのメール、冒頭で「友人と肝試しに行った」と書かれていましたが、それは男性の友人とふたりだったということで、よろしいのですか。

はい、なるほど。ふたりで。

そしてその心霊スポットでおんなの笑い声を聞いた。どんな感じの声でした?

押し殺すような含み笑い。くくッ、くくくッみたいな。怖いですね。

その帰りに事故を起こした、でよろしいでしょうか。

車線をはみだしてきた相手の車と衝突して二台とも大破。軽症でよかったですね。むこうは骨折してしまったんですか。可愛そうに。むこうの車は男性ふたり、女性ひとりの合計三人。こちらは軽症だったけどむこうは運転手だけが骨折した、ですよね。骨折……うん、やっぱり思った通りで間違いなさそうです。

いや、なにが聞きたいかというと。私、調べたんですよ。

別に疑っていたというワケではなく、いつも裏を取りたがる性格なんで。メールに書かれていた日にちで検索したら、SNSに書いているひとがいたんです。多分、相手のかただと思います。○○って名前のひとですよね。そうでしょう？　相手の運転手のかた「心霊スポットなんか行こうとしたせいで」みたいなことを書いていました。

つまり相手は、そちらが行った心霊スポットにむかっている最中だったんです。

気持ち悪いでしょう。でも聞きたいのはそこじゃないんです。

相手の車は三人で運転手が骨折。ところが相手は三人じゃなかったんです。

ふたりだったんです。運転席と助手席に座っていた、男性ふたりだけ。

メールにも書いていた、そしてさっきも聞いた、相手の車に乗ってた人数が違う。

後部座席の女性なんかいなかったみたいです。

まだ不思議なことがあるんです。相手のひとはSNSに「オレのミスでの事故。ぶつかった車のひとたちが三人とも軽傷でよかった」という旨の書きこみをしています。

そうです。

相手も同じように、あなたの車には三人乗っていたと思っているんです。

「後部座席のお客」

「はじめまして京都在住のKです。よろしくお願いします」

すみません、お忙しいのにテレビ通話の時間を頂いて。ありがとうございます。

「いえいえ。このまま話したらいいんですか？」

はい、このままどうぞ。よろしくお願い致します。

「わたしの父はタクシーの運転手です。まだ私が学生のころ、家族がそろった夕食どきに、父が言いだしたんです。『今日な、すごいことあったんや』って。

父が担当している地域は京都でも名所で、観光客を乗せることが多いんです。

会社から連絡があって、父は指定された旅館の前にむかったそうです。

そこで待っていたのは制服を着た女生徒ふたりとスーツの男のひと。

父は（修学旅行にきた教師と生徒やな）ってすぐにわかったみたいですね。

先生と一緒に乗りこんだふたりの女生徒。そのうちのひとりが変でした。ずいぶん体調が悪いようで。顔をふせて、うなり声をあげてる。

（ははん、こりゃ行先は病院やな――）

なにがあったのかを父は予想しました。

修学旅行にきた生徒のひとりが体調を崩したに違いない。もうひとりの生徒は友だちで、つき添いなのだろうと思った。ところが教師は意外な行先を口にしました。

『〇〇寺までお願いします』

こんな状態の生徒を連れて観光するのかと父は驚きましたが、指示された通りに寺へむかいました。信号待ちのとき、うしろの三人のようすをうかがう。先生はなにも話さず、唸っている女生徒に友だちが『大丈夫？』と声をかけるだけ。

車内の空気、けっこう重かったみたいです。

指定された寺に到着すると教師は『ここで待っていて欲しい』と頼んできた。

父は料金がかかることを伝えて、了承を得ました。

三十分ほど待っていると三人はもどってきた。

タクシーに乗りこみ、出発した旅館にもどってくれと言ってきたそうです。

（用事かなにかあって、それが終わったんやな）
そういうふうに父は思いました。
でも、相変わらず三人はあまり話さないんです。
ミラーで確認すると、うつむいていた生徒は姿勢正しく座って前をみていました。
なぜかさっきよりも空気が軽いように父は感じたようです。
しばらくすると教師がため息を吐き、体調の悪かった生徒に話しかけました。
『お前さ、どこまで覚えているの？』
「……旅館。旅館のところまで覚えてる」
『旅館って、泊まっている旅館の前についたところか？』
『ううん。みんなで二階の部屋入ったところ。窓の前に立ってカーテン開けた』
『カーテン？』
『うん。カーテン開けて外をみたの。したにお墓がいっぱいあったでしょ』
『ああ。旅館の横に墓地があるな』
『そこにいたの。おんなのひと。私と目があった』
『……それで？』

『そこから、わかんない。なにも覚えてない』
『……ま、まあ大変だったな。けど、お祓いが効いてよかったよ』
その女生徒は『そのおんなのひと、笑ってた』とつぶやいたそうです」

「地下の駐車場」

「初めまして。都内に住んでいるUと申します。よろしくお願い致します。

私、一度だけ妙な体験をしたことがあるんです。

二十年ほど前、勤めていた金融関係の会社でのことですが……ははっ、そんなヤバい会社じゃないですよ。名前を聞けば誰でも知っているような銀行です。変なところじゃないですよ、ええ。

あるとき、車で出張に行くことになりましてね。

社員専用の車で出発したんですよ。会社のビルの駐車場から。行先は長野県の田舎のほうですね。出張は三日ほどかかるかもしれないと言われてましたが、業務が終わると、はやめに帰れる予定でしたので車でむかったんです。動きやすいように。ええ。

がんばったので二日で終わりはしたのですが、時間が遅くなってしまいまして。

宿泊も考えましたけど、帰ることにしたんです。

都内にもどったのは、確か午前零時前くらいだったかな、そのくらいの時間です。会社から自宅が近くて。パーキングに入れるより会社のビルの駐車場にもどそうと考えました。駐車場はビルの地下にありました。ビルの前で車を停車させて、リモコンを押して、地下のシャッターが開ききるのを待っていると――。

なかからひとがでてきたんです。

それも大勢ですよ。ぞろぞろ、ぞろぞろと。

人数ですか？　ちゃんと数えてはいませんが、にい、しい、ろ、は……おそらく十人以上はいたと思います。もっとかな？　ああ、思いだすと寒気がする。

警備のひとたちかとも思ったのですが、その人数でしょう。絶対違う。

服装もなんだかボロボロで髪もぼさぼさ、顔は黒く汚れてる。

男だけじゃなく、おんなも混じってる。

なんだコイツら、こんな時間になにしてるんだ、泥棒か？　集団のホームレスか？

でも慌てるようすもないし、よたよた歩いてる。

そのうちのひとりの男の顔がこっちをむいたんです。

よくみると顔の汚れは黒い煤でした。そいつだけでなく他の者も同じ真っ黒い顔。目はあわなかったですが、わかりました。その日、三月十日だったんです。わかりますか？　そうです、東京で大きな空襲があった日です。

これはみてちゃいけないもんだ、そう思いました。

すぐに逃げようと思いましたがシャッターがまだ開いている途中です。

そのシャッター、一度開ききらなければ閉じることができません。

待っているあいだにも、どんどんでてくるんです。もう気が気じゃない。

やっと開ききったので、閉じるためリモコンをもう一度押しました。

するとそこにいた全員がいっせいに私をみたんです。

車をバックさせ逃げました。ハンドルを持つ手が震えているのがわかりましたよ。

家に帰るのもなんだか怖くて。

パーキングに停めたあと、明るくなるまで呑んでました。大丈夫だろうとは思いましたけど、家にこられたりでもしたらと想像したら怖くなっちゃって。ええ。

翌日は休みだったので、月曜に出勤しました。

上司に聞いたら、なに言ってるんだバカって怒られましたよ。

そうですよね、なにかの見間違えですよねって私が笑ったら、上司が『そうじゃなくて。そういうのみても、ひとに話すんじゃないよ』って小声で言っていました。

しばらくは駐車場が怖くて仕方ありませんでした。

でも、いま思えば——。

上司も、私と同じように駐車場で妙なものをみたことがあったんですかね。ええ」

「点灯するセンサーライト」

「センサーライトが勝手に点灯する。そんな話は聞いたことありますか?」

もちろん、ありますよ。もうずいぶん前からある物なので。

ただ、調べるとあのセンサーって強弱があるんです。

調節できるツマミがついているものもあれば、内蔵されているものもあって。

それらが強になっていると、ほんの些細なものでも反応しますね。屋外用のセンサーライトなら虫、風で揺れた雑草や植物の葉の動き。敏感に反応してしまう。

「なるほど。屋内用なら、どうなのでしょう?」

屋内用は調節できる機能がほとんどないはずです。内蔵型で弱気味ですね。

「いや、私のカレが住んでいるマンションの寝室、そこにちいさなセンサーライトがあるんです。売っている物じゃなくて、UFOキャッチャーの景品なんですよ」

ああ、ありますね。キャラクターものみたいなやつですか？

「そうそう。アニメのイラストが貼られてるやつです。カレ、寝るときは真っ暗にするひとだから。トイレ行くとき、ベッドおりた瞬間点くので何気にめちゃ便利なんです。まぶしすぎずに、ぼんやりとした灯りなんですけどね」

床に置いてあるんですか？　その、ちいさいセンサーライト。

「正確にはテレビ台のところ。でもセンサーが反応する範囲は寝室全部かな。

ある夜ね、カレと一緒に寝ているとパッと点灯したんです。

ほら、まぶたを閉じても灯りってわかるじゃないですか。反射的に目を開けたんです。体を丸めて寝ていたので、目を開けたら置いてあるテレビがみえました。

あれ？　なんでいまライト点いたんだろ？　布団でも落ちたかな。

ライトのせいで消えたテレビの暗い画面に、ベッドやタンスが反射して映ってる。開けっ放しにしてた寝室のドア。そのむこう、台所にひとが立っていました。

え、誰？　私、びっくりして目を凝らしたんです。

肩をすこし上げて、腕を横に伸ばして手のひらを広げている、おんなのひと。

髪が長くて、薄いドレスみたいなの着てました。

生地が透けていたので、体はガリガリに痩せてるのもわかりました。

怖くて、すぐに目をつぶって、布団を頭からかぶりました。

次の日の朝、カレにそのことを言いました。おんなのひとがいたって。

カレはただの夢だよ、って笑っていたんですけど。

そのひと、ドレス着てたよって伝えたら、青くなって黙っちゃったんです。

絶対なんか知っていますよね。もしかしたら浮気して生霊憑いてるんじゃないかって
私は疑ってるんですよ。どう思います?」

いや、浮気はわかんないですけど、そのひとガリガリに痩せていたんですよね?

「もう、超ガリガリでしたよ。ボディラインが透けてみえてましたもん」

ドレスなので透けてみえていたんですね。

「はい。脇から腰のところの骨まで、わかりました。気持ち悪いでしょ」

ちなみに寝室の外は台所ですよね。開けたままのドアのむこうです。

「ちょっと広めの台所ですね。そこにトイレもあります」

なるほど。トイレのドアを開けるとセンサーライト、反応しますか?

「いいえ。寝室のなかだけですよ、ライトが明るくなるの」

繰りかえしますけど、そのちいさいセンサーライトの範囲は寝室だけですよね？

でも、おんなのひとがたっていたのはドアの外、台所ですよね。

「……そうですね。いわれてみれば、確かに」

それ、明るくなったのって、本当にセンサーライトでしたか？

「はい……多分そうだと思いますけど、なぜですか？」

ドレスが透けてたっていうのは、寝室のセンサーライトではなく、そのおんなのひとのうしろが明るかったってことじゃないんでしょうか。うしろに光源があると、薄い生地は透けて体の線までハッキリみえそうなんですけど、いかがでしょうか。

「……じゃあ、あの灯りはいったいなんだったんでしょうか」

「吠えられるひと」

どうですか？　制作の仕事は忙しいですか？

「どうもお疲れさまです。いや最近はそうでもないですね。でも、スケジュールだけはハチャメチャなんで相変わらず昼夜が逆転した生活していますよ。ははッ」

そうですか。でも元気そうでなによりです。

「あ、そういえば聞きたいことあったんですよ。あのね、人間だけじゃなくて、犬にも霊感とかありますかね？　霊が視えるとか。そういう能力、あるんでしょうか」

犬ですか……さあ、どうなんでしょう。どうしてですか？

「先日ね、別の仕事でパーティーシーンの撮影があったんですよ。

そこに小型犬を連れている役者のひとがいて。

ほら、ぼく動物大好きじゃないですか。その犬、めっちゃ可愛いかったんです。人懐っこくて。でもね、あるエキストラが現場入りした瞬間いきなり豹変して、吠えまくっていたんです。もう別の犬になったみたいに」

いきなりですか？

「エキストラの子、若い女性。ぼくがみても暗いというか……幸が薄そうというか、なんていうか、とり憑かれているような感じがしたんです」

とり憑かれているような感じ？

「そうです。もちろん、そんなひと、みたことないですけど、とり憑かれたらこんな感じになるんだろうな、ってイメージのひとだったんですよ」

暗い雰囲気のエキストラにむかって、犬がワンワン吠えていただけでは？

「ははッ。もちろん、そうかも。苦手なタイプの人間を勝手に嫌っていただけかもしれませんが、とにかく犬はもう凄まじい剣幕で。ぜんぜん鳴き止まず、結局そのせいで撮影ができなくなって、連れてきた役者と一緒に退場になっちゃいましたよ」

あら、それは可哀そうに。エキストラの子も肩身がせまそうですね。

「ところがエキストラの子、困った顔をするわけでもなく、ずっと無表情」

無表情ですか？

「はい。どこみてるかわからない感じで、ただその場にぼーっと立ってました。なんか普通じゃないんですよ。やっぱ犬ってわかるんですかね、そういうの」

怪談でも、動物の話をときどき聞くことがありますけど。霊感があるかまでは確認しようがありませんからね。どうなんでしょう。あったんでしょうかね、霊感。

「でも、動物の怪談って多いでしょ？」

まあそうですね。意外に多いのは、飼っている犬や猫が人間みたいにしゃべったという話ですけどね。

「しゃべる犬」

犬がしゃべるといえば、つい最近、こんな話を聞きましたよ。

Iさんという男性が中学生のころの昼休み。

一緒に弁当を食べていた友人とこんな会話があったそうです。

「ソーセージ、玉子焼き、ブロッコリー。ふりかけご飯。絵に書いたような弁当」

「いいじゃん。美味《うま》そうで。オレは今日もパンー。たまには弁当食べてえなー」

「食べたきゃ自分で作ればいいじゃん。いただきまーす」

「ところでさー、オレの家の犬さー、しゃべるんだよねー」

「あるよな。いまのちょっと日本語みたいに聞こえたなってとき」

「ん？　なにそれ？」

「例えば『おかえり』が『わわりぃ』で『ごはん』が『わはあん』みたいな」

「あー、無理やり日本語に聞こえるみたいなやつね。あるねー、動画とかで」

「ちょっと苦しいんだよな。まあ、そう聞こえなくもないっていうか」

「ああいうのって、集中して聞きとらないとわかんねーよなー」

「んで？　お前んトコはなんてしゃべるの？」

「いやー、めちゃめちゃ日本語だよ。すげえリュウチョーにしゃべるぜ」

「だから、なんてしゃべるワケ？」

「それがさー、ぜんぜん聞きとれないんだよねー、なんて言ってるの？」

「なんだよソレ。お前が言いだしたんじゃん。聞くなよオレに」

「だいたい夜に、あ、クッションで寝てるんだけどさー、寝ながらしゃべってんの」

「寝ながら？　じゃあ寝言じゃん」

「そうなんだよ、寝言なんだよねー。でも、ほぼ毎晩だよ」

「じゃあさ。今日の夜、ちゃんと聞いてみてよ。なんて言ってるか」

「そうだなー。それじゃ、ちょっと今日チェックしてみるわ」

「お、今日は手作りサンドイッチじゃん。いいなー。オレ、今日も購買パン」

「オカンが手ぇ抜いただけだよ。それよりどうだったの？」

「どうってなにが？」

「なにって犬だよ、犬。昨日言ってた、お前んトコのしゃべるワンちゃんだよ」

「ああ、そうそうー。昨日寝てるときもしゃべってたわ、しっかりと」

「で？　ワンちゃんはいったい、なんて言ってたの？」

「モノマネすると『ふわん、ふわん、ふぃふぃてー』ってずっと言ってた」

「なんだよそれ、意味わかんねえし。似てるかもわかんねーよ」

「上手いことマネできねー。でも、ゼッテー日本語なんだってばよ」

「そんな日本語ねーよ。オレも昨日家で思いだして、動画みたけど高いよな」

「高い？　なにが高いのよ？」

「言葉に聞こえるっていう動物の鳴き声。どの国のやつも、たいがい高い鳴き声」

「へえー、そうなんだー。でもウチの犬はひくい声だよ。モゴモゴ言ってる」

「それじゃ余計に日本語じゃねえよ。普通のうなり声じゃね？」

「ゼッテー日本語だってば。お前、泊まりにくる？」

「なんでオレが犬の寝言聞くためだけに、わざわざ行かなきゃなんねえの？」

「ですよねー。まあ、こられても、俺ん家せめーから寝るとこねえよ」

「じゃあさ、録音してこいよスマホで。それで録音したのをオレに聞かせろよ」

「ああ、その手がありましたかー。そうだなー、じゃ今日の夜録っとくわー」

「おう、それでオレが日本語認定してやるよ」


「どうよ、ちゃんと録れてるだろ。なんて言ってんのよ？」

「……いやあ、ものすごく微妙……だけど……まあ、確かに、なんとなく……」

「聞こえるだろ、なんか寝息のむこうに、ひくい声みたいなの」

「聞こえるな……でも、わかんねーよ……同じこと繰りかえしてるような気も……」

「そうなんだよー、同じこと繰りかえして言ってる気がするんだよねー」

「……ん……でも、やっぱり小さすぎて聞きとれねえ……よ……」

「イヤホンあれば……あ、ちょっと、ごめん、そのイヤホン貸してくんね？」

「ちょっと、ひとのイヤホンなんか耳に入れたくねーよ」

「いいから、ちょっとだけ、な。これで聞いてみて」

「やっぱりなんて言ってるかまでは……あ……わかる……お……かあ……」

「なんて言ってるの？　うちの犬」

「お……かあさん……死んじゃって……ごめん……」

その犬は亡き友人の母親が生前、とても可愛がっていた子でした。どう思われますか。しゃべってたのは犬なのですかね？　それとも霊なのですかね？

「怪読録」

ユーチューブの『怪読録』。年末まとめの『怪読録集』っての編集したけど、一年ぶんやから長めになってしまって。できれば何人かに確認してもらってくれるかな。

「わかりました。ミスがないかどうかですね。四人くらいでいいですか？」

うん。しくじってるところがあったら感想でわかるやろうし。

「全員、観てくれたみたいですよ」

四人全員？　三時間以上あるのに。みんな、はやいね。感想なんて言ってた？

「ひとりは『おもしろかったー』って喜んでいました」

ひと言ですか。軽すぎて参考にならない……ふたり目は？

「ふたり目は『寝ながら聞いてたせいか、金縛りになった』って笑ってました」

ときどきいるよね、怪談をBGMにして寝ちゃうひと。なんか祟られそう。

「三人目は『女性の語り手の朗読のとき、顔のアップで停止することが何度かあって怖かった』って言ってました。大丈夫でしょうけど確認しておいたほうがいいですよ」

作り手の不安をあおる感想ですな。Wi-Fi環境のせいやったらいいけど。まあ、いちおう念のため、そのあたりの時間を集中的にチェックしておきます。四人目は？

「四人目はMさんです。ヘンなこと言ってました。けど大丈夫ですよ」

ヘンなこと？　ヘンなことって？

「はい。エンディングテロップが流れだしたとき、ちょうど地震があったそうです。驚いてベッドから飛びおりたら揺れがおさまった。

でもガタガタという音は続いて――よくみたら、ベッドだけが揺れていました」

「視えるようになる」

「さっきはごめんなさい。私、手ぇ踏んじゃって。大丈夫でしたか」

「ああ、いいですよ。オレも座布団やからって、幅をとって座ってもうてたから」

「ホンマ、すみませんでした」

「いいよ、いいよ、気にせんで。怪談イベント、よう来るん？」

「会場の前、たまたま通りかかって、イベントのポスターみて入ったんです」

「あ、そうなんや。どうやった？」

「まったくわからないまま入ったんですよ。大座敷に座布団で、会場暗いし。うわ、なんやコレ思うて、びっくりしました。え？　なにが始まるん？　みたいな」

「そうですよね、ああいう雰囲気って珍しいやんな」

「落語みたいな感じだったら苦手なんで、どうしようと思うたけど、めちゃ面白かったです。怖いって楽しいものなんですね」

「この会場、怪談のイベント定期的にやってるねんで」

「舞台でしゃべってたのって、全部ホンマの話なんですか？」

「どうなんやろ。取材とか行ってるくらいやから、ホンマなんと違うか。知らんけど」

「会場も雰囲気あってよかったです。私、和風造りって大好きなんですよ」

「もともと歌舞伎の練習してたところやからなあ。築九十年なんやって」

「古い建物って趣があっていいですよね。ゆうれいとか、ホンマに出そうやし」

「いまは忙しくて、あんまり参加せえへんなったオレの友だち、なんかあの会場で本番中ボソボソした声が聞こえた、とか言ってたわ」

「ええ、マジですか？」

「なんか他にもな、舞台の上で黒い塊が横切っていったとかも」

「いつか絶対ゆうれい視たいんですけど、霊感ゼロやし。どうやったら視えるんやろ」

「霊感あるヤツと一緒におったら視えるって言うで」

「そうなんですか。そういえば私のお祖母ちゃん、お墓とかしょっちゅう行ってる時期、ゆうれい視えてたって言ってました」

「お祖母ちゃんすごいやん。どんなゆうれい？」

「黒い人影って言うてましたよ。最初はうつむいている感じやったけど、何回も行ってたら、だんだん顔上げるようになって、最終的に体がこう、まっすぐお祖母ちゃんのほうをむくようになった。そういう風に言うてました」

「わ、なんか怖いやん」

「でしょ。怖いけど、いっかいくらいは視てみたいなあ」

「じゃあ、あそこの会場、イベントのたびに通ってたら視えるかもしれへんね。オレもあの会場の通路で、ずらっと整列してる影みたいなのは視たけどな」

「え？　もしかして霊感あるんですか？」

「あるかも。何回か金縛りとかもなったことあるし」

「じゃあ、一緒にイベント行ってたら、ゆうれい視えるようになるんですかね、私も」

「そりゃなるやろ。だいたい土曜か日曜にイベントあるんやけど、仕事休み？　よかったら今度から一緒に行こうや」


「ほんで、けっきょく、ゆうれい視た？」

「いや、いっかいも視えへんかった。けっこう通ったんやで、怪談イベントには」

「そうなんや。じゃあ、ゆうれいっておらんの？」

「どうなんやろうな。一緒にいたら視えるようになるとか言うてたけどなあ、いま考えたら霊感ホンマにあったんかな、あのひと。もう十年以上もむかしの話やで」

「ふーん、そうなんや。いつか、視えるんかな」

「どうなんやろな。まあ、もう別に視えへんでもいいんやけどな。ふふっ。いつ視えるようになんねんって、アンタからもパパに聞いてや」


「視えるようになる」

「あたり前の権利」

「いろいろと習いごとしましたけど、怪談の稽古っていうのも面白いものですね。そのひとによって『自分にあう語りかた』なんて考えたことありませんでした。怪談じゃないジャンルでも通じるものがたくさんあって、勉強になります。

私の田舎のかまいたちの話も面白かったでしょう。東北じゃ、知らず知らずのうちに怪我してるなんて、よくあったんです。まあ、正体はつむじ風ですけどね。

え、スカート？　あ、これ破れてたんです。最近買ったんですけど、気付いたの電車乗ったあとで、どうしようもなくて。やだ、かまいたちじゃないですよ。はは。

今回は個人稽古でしたが、もし時間ができれば月稽古も受けたいところです。

むかしから心霊ものは好きで、その手の番組とかチェックしてきましたから。

ところで、どう思います？

死んだ人間の話をして、楽しんで。祟られたりしないのかなって。本とかあるでしょ、怪談の。ああいうのを読んで、これは面白いとかこれは面白くないとか『ネタ』として扱って勝手に批評したりなんかして、大丈夫なんですかね。死んだひと、ゆうれいがそれ知ったらめちゃくちゃ怒りそうでしょう。でも、そういうひとたちになにか起こったためしはない。

別に怪談だけじゃないです。仕事場でも飲み会でも本人がいないのをいいことに悪口を並べて主観の意見で気持ちよくなっているひとたち。いますよね、どの業界にも。

ネットになるともっと悪質ですよ。ほら、先日あったでしょう。

ケンカした相手が興奮したかなにかで、車のボンネットに乗って。そのまま発進させて逮捕された運転手。あれ、殺人未遂になるみたいです。

でもネットでは、みんな匿名で顔を隠して、正しいと思う意見を書きまくる。

それを悪口と認識せず、やりたい放題。

誹謗中傷で誰かが自殺しても、なかなか殺人罪になりませんから。

書きこんでいるひとたち自体に殺人をしている自覚もない。現代のシリアルキラーはネットに大勢いますよね。マスコミの酷い記事もたいがいですけど、それをコメントしているひとたちも匿名。もう、どの毒虫の毒が強いかの勝負です。

私、思うんです。本当に祟られているひとは、自分のしていることに気付かない。その上、いろいろなことがあたり前になってしまうんです。

自分の時間やお金を対価として払ったから、好きに感想を書けてあたり前。自分は体調がよくないから、気を使ってもらうのがあたり前。みんなやってるんだから、自分も参加できるのがあたり前。有名税もらってるんだから、土下座してあたり前。あいつは許さないけど、自分は許してもらってあたり前。自分のプライバシーは守られてあたり前。助けてくれたことは忘れても、助けたことは覚えてもらってあたり前。

枕元にゆうれいが立つのが祟りじゃないんです。自分がどんな人間かを見失わせるのが本当の祟り。主張をしまくって、傷がつくまで攻撃して、そのあとナルシシズムに浸るのが祟りなんです。わかります？　祟りって快楽がともなっているんです。

あ、もうこんな時間だ。私、約束があるので行きますね。さっきデパートに電話して、この破れた服の責任とらせるために呼びだしたんですよ。あたり前でしょ」

「モテる男」

「ひとから聞いた話でよければ。それでもいい？」

いいですよ。詳細がわかれば、さらにありがたいですが。

「大丈夫。前に仕事で取材した話だから、ある程度はわかるよ。二十年以上前の話。スナックでアルバイトをしていたRさんってひとが体験者。丸山遊郭って知ってる？」

聞いたことがある気がします。丸山にある遊郭ですか？

「その通り。そのまんまじゃん。長崎県にあるの。いや、正確には『あった』かな。大きな歓楽街。いまも風俗店とかはあるみたい。

そこの古いマンションで、つきあっていた男性とRさん、同棲を始めたの。

マンションは七階建て。部屋も七階。ちょうどエレベーターの正面の部屋。

その奥の部屋はフィリピンパブやロシアンパブで働く海外の女性たちの寮みたいに

なっていたらしいわ」

外国人が働いている夜のお店、流行《はや》ってましたから。全国あちこちにありましたね。

「そうね。いったことある？　どんなところなの？」

それいま関係ないんで、あとにしてください。進めて。

「マンションのすぐ裏手に、そこの歓楽街でも有名な料亭があって、お座敷からは芸妓さんたちの唄や三味線が聞こえていたらしいわ。舞とかで客人をもてなしているのがわかるようなところだったそうよ。

Rさんたちの住んでいた部屋の寝室は玄関を入ってすぐ脇の部屋だから、夜中に寝ているとエレベーターが作動するたびにガシャーンって音が響くの。奥の寮に住む女の子達が深夜にも出入りするの。その音で（あー、帰ってきたな）とかわかる」

迷惑な騒音ですね。眠れなさそう。

「そう。そのせいで眠りが浅いのか、しょっちゅう金縛りにあうようになったって」

金縛り？　ホントにイヤな部屋ですね。

「金縛りになるときは前触れがあるので（あ、きたな）とわかるって言ってた。背筋がゾクゾクしてきて、ひきつけみたいに背中がエビぞるって。そしたら意識はあっても体はまったく動かせなくなっちゃう。

そのうち部屋のなかに、ひとの気配を感じるようになったらしいの」

ストレスからくる新たな症状ですね。どんなひとがいたんですか?

「それが(いる)ってわかるだけで、姿かたちがわかるワケじゃないみたい。

でも二回くらい姿が視えたことがあったって。

一回目は金縛りにあった状態でみつめている天井の隅。白い着物姿、長髪のおんなが浮かんでいたらしいわ。青白い顔をした、切れ長の目の美人だったそうよ。

二回目は、また背筋にゾクゾクとした悪寒が走って、予兆通りエビぞった体が動かせなくなったの。また金縛りだ——と思いきや、Rさん、むくりと起きあがったって」

それは金縛りじゃなかったんですね。起きあがって、それから?

「隣に寝ていた恋人の上にまたがったの。自分とは別の意思で体が勝手に動いてる。

ワケがわからないままRさんは恋人におおいかぶさり、唇を重ねた。

ぎゅうって顔全体を恋人に押しつけたの。

身動きがとれないように、強いチカラでしっかりと押さえつけて。

眠っていた恋人は息ができなくなって。酸素を求めて苦しそうに、もがいた。

体を鍛えていて筋肉質の体格のいい彼氏が、いくらもがいてもビクともしない。このままでは窒息してしまうってRさんは思った。でも体が勝手に動く。お腹に強い感触があって、Rさん、部屋の反対側の壁に吹っ飛んだの。殺されると思った彼氏が渾身のチカラを振り絞って、お腹蹴り飛ばしたみたい」

大丈夫だったんですか？

「怪我はなかったし、そのショックで体の自由がもどったそうよ。そんなお話」

それ、なんだったんでしょうね？

「Rさんも考えたけど、あの天井に浮かんでいたおんなが遊女で、彼氏のことを好きになったんじゃないかって思ったらしいわよ」

霊に対してそんな判断するくらい、彼氏カッコよかったんですね。

「溢れるくらい色気のある男性だったそうよ。彼に言いよってくるひとも多かったらしくて。モテる男だったのは間違いないみたい」

モテる男はゆうれいにも好かれるんですね。その後、ふたりは破局したんですか？

「ううん。そのすぐあと、妊娠がわかって彼と結婚したって」

おや、それはハッピー。おんなはもう現れなかったんですか？

「翌年に出産して。子どもを育てるには部屋がせまかったから、そのマンションからは引っ越して。だから天井のおんながまだあの部屋にいるかはわからないそうよ」

やっぱりハッピーエンドです。

「でも、さすが溢れでる色気。夫の浮気癖がいくつも発覚。冷え切った関係が続いて、小学校六年生の娘に、冷ややかな感じで『もう別れていいよ』と言われて決心。離婚したそうでございます」

発言がキツいですね、六年生にもなると。

「ランニングコース」

「どうも、こんばんは。ぼく、こうみえても役者やってまして。

そこまで予定が入ることもないんですが、日頃から体を鍛えてます。事務所からいわれていますし、体型を維持できないとオーディションに受からないんですよね。

特にランニングは怠らずに続けています。走るのってどの道を行くか、コースが重要なんです。コンディションに左右されず、自分のペースでいつでも走れるように。

都内だとできるだけ信号がなくて、まっすぐ直線に行き、程よい距離。気に入ったコースは他のひとも気に入るらしく、同じ道をやっぱり何人か走ってますね。

二年ほど前。環境を変えたくて八王子から、新宿区のほうに引っ越しました。

家賃ちょっと無理してましたが、なんとかなるだろうと思って。

引っ越してまず探したのがランニングのコースですね。思ったよりいいコースがみつからなくて。理想は神宮球場付近とかなんですが、残念なことにちょっと遠く。仕方がなく信号のない道を探しました。

高田馬場方面でいいコースをみつけたので、そこを走ることにしました。

深夜はひとがいなくて、ほどよい隆起がある道で。ああ、これ、けっこういいんじゃないの。そう思ってました。アームバッグのなかにスマホ入れて、ブルートゥースのイヤホンで音楽聞きながら。まあまあ音量上げたほうが、ぼく的に良いペースで走れるんですよね。

五回目くらいだったと思います、自分の選んだそのコース走るの。午前一時くらいですね。ひと気がなくなるんですよ、その時間帯。音楽聞きながら走ってた。

五十メートルくらい先ですかね。ひとが立っているんです、電柱のところに。

このままますぐ走ったら、邪魔になるな。

そう思って、道の反対側に走りながら移動していったんです。そのひと、ぼくからみて電柱を背にしている。ただ立ってるだけ。横顔ですが、距離的にあまりみえない。

あのひと、こんな時間になにしてるんだろ?

不思議に思いながら走って、そのひとの近くまで進む。街灯に照らされて立っているそのひとは、眼鏡をかけたスーツ姿の中年男性でした。

近づいたとき、むこうもこっちをみました。

そして手を上げて歩いてくる。時間か道か、なにか聞きたいことがあるんだなって思いました。スピードを緩めて『なんですか?』って聞きながら止まったんです。

男性がなにかを言いました。その口がパクパクしています。

イヤホンしていたのを忘れてたんです。外さなきゃって。片耳に手を伸ばしてイヤホンを片方つまもうとして。指を滑らせてイヤホンがアスファルトに落ちたんです。

すぐにしゃがんで拾って立って男性に目をむける。眼鏡かけた中年男性だったんです。

しゃがんだ数秒のあいだに、目玉に黒い穴がぽっかり、がくがく笑ってた」

「近すぎる顔」

「私の話ではありませんよ。いまは会ってないツレの話です。

自分で霊感があるって言ってたヤツでして。

本当なのか、それともただ主張してただけなのかわかりませんが、不思議なものを視た話をよくしてましたね。でも、私は信じていませんし、特に怖がりではないのでなんとも思っていませんでした。

その体験談というのも、電柱の影にひとがいた、墓地の入口からひとが顔をだしていたみたいな、ベタでオチもなにもないようなものばかりでした。

でもそいつが言ってた話で、ひとつだけ印象に残っているのがあります。

夜、テレビを観たまま寝落ち、気配、金縛り、おんなが顔を覗きこんでくる。

内容はこれだけなんです。ベタでしょう?

でも、その覗きこんできたおんなっていうのが、初めてではなかったんです。

（ああ、またこのひとか、イヤだな、どこかいって欲しいな）

そんなことを思っていたのが伝わったんですかね。

おんなが首をすこし横に曲げて、ぐぐ、ぐぐっと顔を近づけてきた。

それでも彼はまったく怖くないんです。慣れちゃってるんですよね、きっと。

（そんなに近づいたら、ピントがぼやけて、顔がわかんないよ）

なかなか冷静でしょ？

（もういいって。面倒くさいから、はやくどっか行ってくれよ）

人差し指と親指で、これくらいの距離まで近づいてきたと表現していましたから、おそらくは一センチか二センチだと思います。まあ、確かに近すぎますよね。もう、まつ毛があたりそうな距離。それでも彼は（もういいって。飽きたから。さっさと消えろよ）と、こころのなかでボヤいていました。頭も顔も首も動かせませんから。

そこで気がつきました——近すぎてピントがあわない。

それはそうなんですが、一カ所だけハッキリと確認できるところがあったんです。

おんなの目玉です。

目だけピントがあうんです。白目の部分や瞳孔ですね。電気は点けっぱなしでしたから、反射して映っている自分の顔、部屋のようす、ハッキリとみえたんです。ビー玉みたいな目に彼の顔が映っている。横にあるつけたままのテレビも。そのテレビの前に――誰か立っているのが、おんなの目のなかに映っていたんです。確認できるだけで四人以上が。そのひとたちはまるで待っているようにもみえたらしいんです。順番。次は自分がコイツを覗く番だ。次は自分だ、次は自分だ、次は……。寒気が走って（うわッ、うわッ、うわッ！）と必死でもがきました。そしたら、わかったそうですよ。おんなの目が笑ったのが」

「もしもし、ワタシ」

「もしもし、ワタシ。いまさ、忘れたお弁当持って会社の前にきてるんだけど。
え？　いや、ワタシ持ってるもん。カバンみてよ、入ってないからさ。
うん、うん……あ、そうか、今日水曜かあ！　間違えちゃった！
もう、はやく言ってよ、お腹すいたら可哀そうだと思ってきちゃったよ、わざわざ。
まあ、いいわよ。私食べちゃうからね、もう。いいの？　いまなら間にあうよ。
あっそーですかー。はーい、わかりましたー。すみませーんでしたー。
それはそうとまた郵便箱に入っていたよ、あれ。知ってる？　読んだ？
うん……うん……そうだけど、気持ち悪いよ。今日は水曜？
なら、ちょうど一週間前だよ、このあいだのは。うん、そう。警察ちゃんと行った？
うん、うん。そっか。それならいいんだけど。

「もしもし、ワタシ」

でも、しっかり読んでる？　あの内容。けっこうキレてると思うんだけど。かれこれどれくらい？　一年くらい続けてるんじゃないの。もう立派な嫌がらせだよね、ホント。すっごい迷惑。もし子ども産んでたらヤバかったよねー。そりゃ堕ろさせるわ、普通。だってめちゃくちゃだもん、やってること。そりゃ、すこしは悪いと思ってるだろうけどさ、手首の写真ヤバすぎだよ、あれ。親もなんにも言わないんだもん、もうとっくに諦められてるんだよ。だって怖いもん。

友だちはガンガンやりかえせ、みたいなこと言ってたけどさ、友だちいないもんね。うん、うん。仕事の邪魔？　いや、そんなの大丈夫よ。

会社のひとたちにも、ちゃんと伝えたらわかってくれるって。ストーカーだから、迷惑してるのはみんなだけじゃないって。ホントに大変なのはボクですって。ちゃんと言ったらわかってもらえるよ、こういう電話も。もう、このチャンス逃したら、わかってもらえないよ、二度と。そこだけは、全力でがんばりなって。

うん、うん。いや、でもねモグ、そっちから声かけてきたんだよモグモグ。

それわかってる？　いつでも止めようと思えたら止められたはずでしょモグモグ。

モグモグ、モグモグ。

いや、モグ、それは違うって。だってコントロールなんかできるわけないモグ。

モグモグ。生霊とか。もうワタシじゃないよ。それはもう別人だって。

奥さんはなんて言ってた？　てか奥さんにも視えてるの？　ふん、ふん。そっかあ。

でも手首写真はシリーズでいこうと思うのね。手紙も週に一度くらいだから、もっとちゃんと読んで。会社のひとにもちゃんと説明したら電話いつでもできるから。

引っ越しは無駄だから。鍵かけても入れるの、もうわかってるから。今夜も行くし。

お弁当の残りは一階の受付に預けておくから。隠し味が最高よ。美味しいからちゃんと食べて。じゃあまた今夜。そりゃそうと、奥さんなかなか逃げねえな」

「もしもし、ヤバい」

「もしもし、ヤバい！　オレやっちまったよ、人生最大のミス！　取引先の契約書入れたカバン、うっかりタクシーに忘れてきたん！　部長、いま会社で待ってるよな？　だよな！　くそヤべえ！　昨日、遊びに行くんじゃなかった！　めちゃ寝不足なんだよ今日！　後部座席で寝ちゃって、真横に置いてたのにカバン！　どうしよう！　どのタクシー会社だったか？　そんなの覚えてねえ！　テキトーに乗ったんだもん！

そうだ！　むこうに契約書の控え、渡してる！　もどってコピー取らせてもらったらどうかな？　いけるかな？　なんでダメなんだよ！　前に同じこと？　怒って契約打ち切りで大損害？　マジかよ！　ダメだそりゃ！　じゃあどうすりゃいいんだよ！　パソコンで検索して方法を調べる？　おう、やってくれ！

あ！　そうだ！　オレ、オカンに電話する！　あ？　違うよ、そんなんじゃねえ！

いや、説明してるヒマねえよ！　ちょっとかけなおすから、忘れ物したときどうするか調べておいてくれ！　すぐかけなおす！」

「あ、もしもし。オカン？　いまどこ？　外じゃないよね、お願い、外じゃないよね。家？　よかった！　あのさ、オレいま忘れ物、てか落とし物しちゃってさ。あの人形、マバタキさまに久しぶりにお願いできないかな。うん。うん。いや、わかってるんだけど、ホントに困ってて。一位なんだよ、ワースト一位。人生でいちばんの危機なんだよ、頼むよ！　ほら今度の休みに、新橋の饅頭《まんじゅう》買っていくから。頼む、お願いします！　うん、うん、やってみて。うん、わかった、待つから。

も、もしもし！　わかった？　どうだった？
いま？　いまはあれだよ、日暮里の駅の近くだよ。なんで？　なんて言ってたの？
うん、うん、いやらしいホテルがいっぱいあるところ……どこだろ。この近く？　この近くでラブホがいっぱいある……鶯谷かな。それ鶯谷だよ。隣の駅の名前だよ。そこにいけばいいの？　駅の乗り場……タクシー乗り場か！　わかった、ちょっといってみる！　うん、ありがと！　マバタキさまにもお礼言っといて！」

「もしもし！　オレいまからちょっと電車乗って移動する！　検索したらわかった？　どうしたらいいんだよ！　はやく教えろよ！　タクシーの忘れ物センターみたいなところ？　電話したらいいの？　番号わかるか？　ちょっと待ってメモるから！　えっと、ペンとなんか紙……あ！　これ領収書！　そうだ、タクシー降りるとき、領収書もらってた！　どこのタクシー会社かわかった、営業所の電話番号書かれてるわ！　とりあえず、ここに電話したら、タクシーの運ちゃんと連絡とれる！　よっしゃ！」

「あ、もしもし！　営業所から番号聞いて電話しているんですけど、あの、カ、カバンを後部座席に忘れていませんか……？　ありましたか！　やった！　いえいえ！　とんでもないです！　いまいる位置は、あ、もしかして鶯谷の駅にいますか！　やっぱり！すぐにむかいます、待っていてください！　さすがマバタキさま！」


「もしもし、ヤバい」

「オーディション」

『次でラストかな？　では、最後の三人に入ってきてもらいますね』

はい、オッケーです。疲れましたがラストなので、がんばりましょう。

『えっと、タレント……ですね、三人とも』


「こんにちは。〇〇〇所属のIです。本日はどうぞよろしくお願い致します」

「……あの、初めまして。ワタクシは〇〇に所属してるTです。お、お願いします」

「あ、ちゅーす、Nでーす。よろしくお願いしやっす」

『えっと、ぼくのほうからいろいろと聞いていっても、よろしいでしょうか』

そうですね、またあわせますのでお願いします。気になることがあれば質問します。

『了解。今回の募集は怪談の企画ということですが、怖い話などは興味ありますか』

「あります。私は霊感があるとよく言われますし、心霊番組も観たことがあります」

「……あの、ワタクシ、あの、お婆ちゃん、霊感あるって、あの、その、聞いたことがありまして、うけ、受け継いで、いると思います」

「あんま興味ないっす。霊感もないっす。でも受かったら、がんばりやーす」

『……最後のキミ、Nさん。軽いねえ。いつもそんな感じ？』

「え？　そうっすね。昨日も飲みすぎて二日酔いっす。顔、むくんでてサーセン」

『むくんではないけど、なんかすごいね。肝が座ってるっていうか……』

「キモすわって？　ちょっと意味わかんないけど、あんま気にしないでくだっさい」

『いや、いいと思うけど、なんていうか……日々が楽しそうな感じだよね。それじゃあ次の質問です。最近受けた仕事でキツかったものはありましたか？』

「私はどの仕事も事前に準備をして、心構えをしていくので特にありません」

「ワ、ワタクシは、あの、辛くても……じゃなかった、楽しんで、あの、仕事を」

「ちょー、大丈夫？　はやく、しゃべろうとしすぎだって」

「え？　あ、あの、ごめ、ごめんなさい」

「いーから深呼吸して。落ちても大丈夫だから。いろいろ急ぎすぎだっつーの。ほら」

「すーっ、はーっ、すーっ、はーっ。ごめんなさい。あの、き、緊張しちゃって」

「アタシみたいなのもいるからさ、緊張しなくてもいいよ。大丈夫だから。ほら、手をつないで。うっわ、スゲー汗。ちょっとスンマセン、その水もらってもいい？」

『お水？　これ？　あ、どうぞ』

「ほら、これ飲んで。これティッシュ。あげるから使って」

「ごめんなさい、あの、あ、ありがとうございます」

「落ちついた？」

「……はい、ありがとうございます。はーっ、ふーっ」

「ゆっくりでいいし、テキトーでいいから。怖がらないでオッケーよ」

「はーっ、ふーっ、いつも、こうなっちゃうから、事務所からも怒られてて」

「そんなバカ事務所辞めちゃえ。ウチらショーヒンよ。大事にせんでどうする」

「え、でも、あの、私が悪いから」

「悪くない。今度飲みいこ。あとでＬＩＮＥ交換しよ」

「あ、う、うん。ありがとうございます」

……すみません。じゃあ次の質問、私からいいですか？

『あ、ええ、もちろん。どうぞ』

三人とも自分を客観的にみて、どのような人間と思われていると思いますか？

「みんなが幸せになれるよう礼儀や礼節を心得て、与えられた仕事を真面目にする人間とみられていると思いますし、実際そう心掛けております」

「ワ、ワタクシは、お、大人しい、う、内気な人間」

「見た目でアホ扱いされてまっす。ホントにアホっすけどね」

……そうですか。ありがとうございます。

『では最後に、なにか怖い体験があれば、ひとつお話をお願いします』

「体験ですか？　特にありません。もし次回があるなら、なにか創っておきます」

「ワ、ワタクシは特にありません」

「アタシもないっす。あ、昨日エッチしたあと金縛りになりましたね。ビビった」

『え？』

「昨日っていうか、朝なんで、ついさっきっすね。いきなりバチーンみたいな。

男、となりで寝てたのに、ぜんぜん気付かんし。

こっちはうーん、うーん、って声だしてるのに、グーグー寝てるし。マジ使えんわ、この男って思って。初金縛りっすよ。マジで。初カナ。
目がちょっと開いたから、みたらなんかキモい影、部屋んなかウロウロ。
うへえって思って、マジ寝たフリしやした。
よく考えたら……このオーディションのせいっすかね？　なんつって」
『いい子いましたか？　ぼく的には最後の軽い子ですね』
私もそう思います。まわりに気を使えて雰囲気の読める優しい子です。
『見た目やしゃべりかたと反して賢くもありましたね。あの子は採用にしましょう』

「嘘にしてしまった」

「ここちょっと遠いから、車でこなきゃいけないのが難点。でも美味しかった！」

「それはよかった。無理やり仕事、はやめに切りあげてよかったよ」

「うん、ありがとね！　ああ、でもたまにはもっと遠くに行きたいなあ」

「今度さ、ほら、言ってた温泉行こうよ。有休も消化しろって言われてるし」

「ヤッタ！　ぜんぜん旅行とかないから、行きたいと思っていたところなんだよね！」

「ついでにさ、いろいろ寄っていこうよ。ちょうど途中にパワスポあるしさ」

「ってことは何日かお泊りだよね！　イェーイ！」

「まあそうだね。レンタカーでパワスポまわって、近く泊まって。次の日に温泉とか」

「いつにしようか？　ってかパワスポってなに？」

「パワスポだよ、パワスポ。なんかパワーが集まるスポットの略だよ、多分」

「なんかのパワー！　よさそうじゃん！　パワーゲットしにいこ！」

「うん。そうだね。あとお前、キャバで働いてるだろ？」

「え？」

「キャバだよ、キャバ。オレに隠してたろ。平日の夜とか限定で。せっかく夜遊び止めれたのにさ。特に金に困ってないくせに、なんで？」

「……は、働いてないよ。なんでそう思うの？」

「うん、もういいから。なんかヘンだと、ずっと思ってたんだよね、オレ。

部屋がお酒くさいこともあるし、化粧落としのゴミとか。べっとり口紅ついて、ゴミ箱入ってるし。ああ、これなんかあるな、ってわかってたんだけどさ。

ほら、このあいだ、朝はやくオレが部屋行ったら、慌てて、すぐベッドのシーツ変えたじゃん。そのときも怪しんで、こっそりゴミ箱んなか、確かめたんだよね。ティッシュ山ほど入ってるし。ああ、コイツやってるな、ってわかったんだよね」

「……」

「いや、いいんだよ。別に。大丈夫だよ。お前の好きなようにしてくれてさ。

でもさ、それならオレに固執しなくてもいいじゃん。

オレが金のいい仕事してるからかな。でも、それはオレが必死で勉強して働いて選んだ、ただの仕事であってさ、他にも同じ仕事してる奴なんてわんさかいるじゃん。見た目もタイプだって言ってくれて嬉しかったけどさ、嘘だったの？」

「意味わかんない。嘘なんかついてないもん」

「じゃあ、言ったときは本当だったにしても、もう嘘にしちゃったんだよ。発言したことがずっと事実じゃないよ。言葉は責任持ったり守らなきゃ意味ないし。浮気もさ、いっかい容疑かけられたじゃん、オレから。

そのときのことも納得してないよ。黙ってたらそれでいいの？　あと他にもあるでしょ。あのセンセーとのこととか。バレてないと思ってる？　会う前の過去のことだから嘘ついて隠してもいいの？　いまでも仕事でつながりあるのに。墓場までもっていけたらセーフって、オレのことずっと騙し続ける気まんまんじゃん。

都合悪いことははぐらかすのに、自分がされたことはずっと言い続けるもんね。それも既読スルー？　だっけ？　そんなにいつまでも言われなきゃいけないことなのかな。機嫌が悪くなるとチクチク言ってくれるけど。

自分は努力せず将来の保険としておいとくの、よくないよね？　別れたいんだけど」

「嘘にしてしまった」

「……嘘ついてないし。浮気してない。全部あなたの勘違い。別れたくないんだけど」

「そっか。じゃあ大丈夫だよね。着いたよ」

「え？　ここなに？」

「神社だよ。ここもパワスポ。ネットには縁切りとして明るく記事とか載ってるけど。けっこう強力。特に神主さん、オレの知りあいで魔法みたいなことできるんだ。嘘つきにはキビしい神さまがいるんだよ。大丈夫、嘘ついてないなら。ちいさな嘘なら失業くらい。大きい嘘なら――」

「申し訳ございません」

「いらっしゃいませ。なにかお困りのことがございますか？」

「このモールに入ってるテナント？　店のこととか、ここで聞いてもええんやろ」

「はい、どんなお店をお探しなのでしょうか？」

「仏像なんやけど、売ってる店はどこにあるねん？」

「仏像、でございますか？」

「あの神社とかで売ってるやつや。わかるやろ」

「神社？　仏像がですか？　えっと……少々お待ちくださいませ」

「おう、聞いてみてくれ。早よ頼むぞ」

「――お待たせしました。販売しているかどうかはわからないのですが、アジアン雑貨のショップが二階フロアの奥にございまして、もしかしたらそこで売っているかもしれないとのことでした」

「おう、ホンマか。二階の奥な。ちょっと行ってみるわ。おおきにな」

「はい。よろしくお願い致します。ありがとうございました」

「おい。行ってみたけど仏像は売ってへん言うてたぞ」

「そうですか。それは残念でございます」

「お前さっき売ってる言うとったやんけ。どないなっとるねん」

「いえ、売っているかもしれないと言いました。申し訳ございません」

「ほな、仏像どこに売ってるねん。どうしてもいるんや」

「こちらはこのショッピングモールのインフォメーションカウンターでございまして、この建物内以外の情報はわかりかねます。申し訳ございません」

「ちゃうねん。あのな、あのな、ちょっと前からな、ウチで変なことが起きるんや。パキパキ音が鳴ったりな、帰ってきたら皿が戸棚から落ちてたりしてな。かなわんねん。なんでやろ？　こんなん今までなかったで、言うてな。家のもん、みんなに聞きましてん。そしたらお前、それ、なんやいうたら、ウチのガキがな、アホやから心霊スポット行きおって。なんかあるやろ、あのユーチューブみたいなカメラ持っていくやつ。それがどうも原因やったみたいでな。嘘や思ったらアカンで。

ほら、これ、スマホ見てみ。

この動画アップしとるんがウチのアホガキやねん。ほら見てみ」

「申し訳ございません。当方ではそういったものを、確認をすることができかねます」

「あ？　なに言うてるねん、見るだけやがな」

「大変申し訳ございません」

「まあええわ。ほんだらな、これ見てみ。

皿が落ちたとき、ワシが動画録画してん。動画録画な。ほんだら、ほら、ここの隅っこのほうに、子どもみたいな顔映っとるねん。ほら、これが証拠や。見てみ」

「……お客さま、先ほども申した通り、個人的なものを確認することは禁じられておりまして。大変申し訳ございません」

「なんでやねん、見るだけやんけ。めっちゃ怖いねん。ちょっと見てくれや」

「お客さま、申し訳ございません」

「申し訳ございません」

「もうちょっと融通きかせえや。ほら見てくれ」

「申し訳ございません」

「なんやねん、こっちはそれをなんとかするために仏像探してるのに、仏像は売ってないわ、動画録画見てもくれへんって。ここはどないなっとるねん、このショッピングモールは！　ああそうですか！　わかりました！　じゃあ、結構ですわ。ほな、最後！　これだけは教えてくれ。こういうの何とかするのって仏像飾ればいいんやろ？」

「お客さま、申し訳ございません。わかりかねます」

「くそが！」

「父親の幻覚」

「父が生きているときの話なんですがね、老健、介護老人保健施設に入ったんですよ」

それは俗にいう老人ホームのことですよね？

「まあ、そうですね。短期でしか入れない老人ホームみたいなものです。けっこうお金がかかってしまうところを選んだんです。できるだけ快適にすごして欲しくて。個室もすごく広いんです。認知症もでてたので鍵はきっちり閉めれるけれど、植木や花もたくさん置ける広めのベランダもありまして」

相場があまりわからなくて。失礼ですがおいくらくらいするのですか？

「老健は保険が適応されるのですが、私が選んだところは月々〇〇くらいです」

それ、かなりいいところですよね。

「はい。サービスも厚くて。ただ、父自身は自分がどこにいるのか、ちゃんとわかっていたのかどうか疑問ですが。

認知症といっても症状に攻撃性などはなかったので可愛いものでした。それでも私は心配だったので、三日に一度ほど顔をだしていまして。誰がきているのかわかっているのかいないのか、ニッコリ笑ってました。

ある日、あれはどれくらいかな、入所してひと月くらい経ったころでしたかね。

私が話している最中、ベランダのほうを指さすんです。

なに親父? どうしたの?

私が尋ねると、父は口を半開きにしたまま、こう言うんです。

『落ちたわ、また』

私もベランダの外に目をやりました。でも、なにもありません。あるのは植物が入った植木鉢、柵、むかいのマンション、あとは青空くらい。特になにもない」

でも親父さんは指をさしているんですよね。

「はい。その指を目で追うと、マンションなんです。なにが落ちたんだって聞いたら、

『ひとが、落ちてえ、死んだあ』

そんなことを言うもんだから私、ギョッとして立ちあがり、外をみた。

なにもない。柵のあいだからマンションのしたまでみえるんだけど、なにもない。なんだよ、落ちてないって。びっくりさせるなよ。

そう言って笑いましたが父は指さしたまま『あーあ』みたいな声をだしてる。まあ、考えてみれば、もう目もずいぶん悪くなっているし、白内障も患ってる。みえるワケないんですよね」

認知症の症状で、幻覚はあるものなんですか？

「ありますね。認知症の種類によったら、幻覚だけじゃなく幻聴、幻味、幻臭、あとは触られたように感じる体感幻覚みたいなものも。基本的には幻聴が多いらしいですが。実際、父は家にいるときも、仏間に誰かいたとか言いだしたこともありましたし」

幻覚じゃなかったら怖いですよね。

「いや、それを聞いた妻がひるんでいましたよ、ホント。仏間じゃなかったら違ってたんでしょうけどね」

他にもその個室でなにか言っていましたか？

「いえ、特にはなにも。大人しいものですよ普段は。だけど、そのときを境に同じことを何度も言うんです。指さして『落ちた』『また落ちた』みたいなことを。あまり頻繁にいうもんだから。仏間のこともあったし。もしかして、認知症だけど、そういう霊的なやつが本当に視えているんじゃないかとも思いました。私がそういう話、好きですからね。それで事故物件サイトを例によって確かめたんですよ。むかいのマンション、なにか飛び降り自殺でもあったんじゃないかって」

大島てるさんですね。飛び降り自殺、ありましたか？

「いえ、まったくありませんでした。まあ、あそこに載っているのが、事故自殺のすべてではないと思うのですが、勘違いだったようです。だってそのマンション、築一年の思いっきり新築なんですよね」

じゃあ違いますね。新しすぎて。

「でも父は行くたびに同じことをいう。そのうちすごいことを口にしだしたんです。『コドモ落ちた。オカアサン落ちた。次オトオサン』うわって思いましたね。幻覚にしても、いったいどういうものみてるんだよって」

それは確かに気持ち悪いですね。

「そしたら私、なにかが落ちたと勘違いするようなものがあるんじゃないかって、考えだしたんです。例えば、近くの道路で車が通るたび、陽の光が反射してマンションにあたるとか。ありえるでしょ？　そういうの。それで父の不気味な発言のあと、なんとなく、そのマンションに行ってみたんですよ。

不法侵入になるんでしょうけど、まあ悪さするワケじゃないからいいかなって。上まであがって、マンションの部屋が並ぶ通路を歩いてみた。ちょうど父の個室がみえるところです。目をやると、個室に立っている父がみえました。

おーいって、手ぇ振ってみましたが、やはりみえていないようで反応がない。そのあとマンションをでて、真下の駐車場に入ってみたんです。やっぱりなにもない。

うーん、勘違いするようなものもないな、ってわかりました。

すると、いきなり『お花？』って声をかけられたんです、うしろから。

振りかえったら、作業着の老人が立っていて。私にむかって『お花でしょ？』って話しかけてくるんです。なんのことか、わかりませんでしたが、なんとなくですよ。

そうなんですよ、ってうなずいたんです。そしたらその老人、あごを動かして『こっちだよ』って歩きだす。ついていきました。ほんの数メートル、茂みのほうに。

私のほうにむきなおって『ここでいいからね』と勝手にうなずく。

私が、あの、ここは？　と聞こうとしたら、その老人、こんなことを言いました。

『みんな死んじゃって可哀そうだね。子どもくらいさ、助けてあげたらよかったのに。でも、その家族の方々、人望あったんだろうねえ。前のマンションのときから、ずっとお花あげにくるひといるから』

老人の足元をみると、茂みに花束がたくさん供えられていました。

父の言ったこと、正解だったんです。いま建っているマンションじゃなくて。それが建つ前の、もうとり壊したマンションであったんです。飛び下りの無理心中が」

「でてくる」

「もうすぐYくんは小学生。みんなと学校行きたいでしょ?」

「うん、みんなと、がっこういきたい! はやく、サクラさくといいなあ」

「そうだね。桜が咲いたら小学生だもんね。でも、しっかりしなきゃダメよ。となりの家のNちゃんに笑われちゃうよ。お兄ちゃんは小学生なのに赤ちゃんみたいだって。だからね、ご飯も残さずちゃんと食べて。遊んだあとはちゃんとお片付けしてね。ほら、ここにも切った折り紙の紙が。こういうのをちゃんと掃除しないと」

「はーい、ごめんなさーい。でも、おじいちゃんにおりがみ、つくってあげてたの」

「仏壇にね。それはいいけど、ちゃんとお片付けすること。特に粘土。あれはテーブルの上だけって言ったでしょ。パパとママの言うことはちゃんと聞くこと。わかった?」

「わかったー。おじいちゃんのいうことは、きかなくてもいい?」

「お祖父ちゃん？　お祖父ちゃんは仏壇にいるでしょ。ちゃんと手をあわせたり、お花あげたり、折り紙も別にいいけど……」

「ちがうの。おじいちゃん。おじいちゃんのいうことは、きかなくてもいいの？」

「お祖父ちゃんの言うことってなに？　お祖父ちゃんなにも言わないでしょ」

「いうよ、おじいちゃん。よるになったら、へやにくるもん」

「へやってYくんの部屋のこと？　なに言ってるの。くるわけないでしょ」

「くるよ。よるになったら、ぶつだんのドアあけて。ぼくのへや、くるよ」

「ドア？　ドアって仏壇の扉のこと？」

「うん、こうやって、あたま、したにして。りょうて、まえにだして。でてくるよ」

「ちょっと……お祖父ちゃん亡くなったでしょ。お葬式も一緒にいったじゃない」

「おじいちゃん、いってたよ。おうちかえって、しにたかったって」

「……」

「でも、ママがびょういんからおうちに、かえらせてくれなかったから、びょういんでしんじゃったっていってたよ。なんか、ぼくも、さびしくなった」

「……パパね。Yくん、正直に言いなさい。パパから聞いたんでしょ？」

「パパじゃないよ、おじいちゃんがいってたの」

「お祖父ちゃんが言えるワケないでしょ。亡くなってるのよ。嘘ついたらダメよ」

「あとね、となりのNちゃんがもうすぐ、にゅういんするっていってたよ」

「え？」

「となりのNちゃんがにゅういん。じこにあうっていってた」

「もう、この子は！　なんてこと言うの！」

「ほんとうだよ、ママ。いってたもん、もうすぐにゅういんするって」

「お祖父ちゃんが仏壇からとかNちゃんが入院するとか、嘘ばっかり！」

「うそじゃないよッ」

「どっから嘘話のヒント仕入れてきたの？　ユーチューブのせいね。もう禁止ね！」

「おじいちゃんッ、おじいちゃんッ、おじいちゃんッ！」

「静かにしなさい！」

「あははッ！　ほら、ママ！　ぶつだんみてッ！　でてきたぞおおおッ！」

「つかれてる」

「そんなバカなこと、あるわけないだろ」

「ほ、本当に仏壇の、観音開きの扉が開いたのよ……もう私、怖くって」

「あの扉、ネジが弛んでるからな。風かなにかで開いただけだってば。気にするなよ」

「Yくんもようすがおかしかったの……あの子、変な声で笑ってた」

「わかったよ。変なこと言うなって注意するから。それよりお前。夜中にYの部屋。ようす、みに行くのはいいけどさ、もうちょっと静かに歩いてくれよ。廊下歩く音で目が覚めるんだよね、オレ。疲れてるんだからさ。昨日も起きちゃったよ」

「昨日？　私、最近夜中にあの子の部屋、行ってない……」

「歩いている」

(チッ、やっぱ歩いてるじゃん。静かに歩いてくれっていったのに)

「あなた、起きて」

「……起きてるよ。頼むから夜は静かに……ん？　あの足音なんだよ？」

「そうなの、誰か廊下を歩いてる」

「じゃあYだろ。トイレにでも……いや。違うな。この音のむかってる方向」

「Yくんの部屋のほうにむかってるの。ねえ、もしかしたら本当にお義父さんが仏壇からでてきて、Yの部屋に行ってるんじゃないの？」

「だから、そんなワケ……ないだろ」

「でもあれって、お義父さんの足音そっくりじゃない？」

「まあ、言われてみれば……あ。止まったな」

「Yくんの部屋の前よ。ちょっとあなた、ようすをみに行ってよ」

「わかった。ちょっと待ってろ。行ってくる」


「どうだった?」

「寝てたよ、スヤスヤと。ドアも閉まってたし、なにも異常なかった」

「そう。じゃあ家鳴りだったのかしら。足音みたいに聞こえたけど」

「足音だったと思うぞ」

「あの子が変なこと言うから。あら、あなた。震えてるじゃない。大丈夫?」

「……がした」

「え? どうしたの? いまなんて言ったの?」

「廊下、親父のにおいがした。多分、本当にいたと思う。成仏してねえんだよ」

「拝み屋がくる」

「霊感があるひと？　ゆうれいが視えるってこと？　霊能者だよね」

「霊能者じゃなくて拝み屋ですって。友だちが紹介してくれるっていうんだけど、どうする？　お金はいらないって。一度視てもらう？」

「そうだな。なにもしないよりましかも」

「お義父さん、やっぱり……自宅療養できなかったの、怒っているのかな」

「ずっと家に帰りたいって言ってたからな。まあ、わからないことは考えても仕方ない。その、拝み屋だっけ？　そのひとに頼もう。それより、Yと話してきたぞ」

「あの子、なんて言ってた？」

「親父のことも気になったが、Nちゃんが入院するとか……どういうことだろ」

「そうなの。それもお義父さんが言ってたらしいの。あなたどう思う？　となりに教え

「たほうがいいかな?」

「なんて教えるんだ? 親父のゆうれいから聞いたって? 不安になるだけだし、なにより信じないんじゃないのかな」

「そうだよね……とりあえず、その拝み屋さんに頼んでみようか」

「今日はありがとうございます。この家なんですが、息子が私の亡くなった父を視るって言うんです。私たちはなにも視えないんで、わからなくて。どうすればいいか」

「……」

「亡くなったお義父さん、ずっと病院に入院していたんですけど、帰りたいって……」

「うん。ちょっと言いにくいんですが。うん。この家で何人くらい亡くなっています？」

「この家ですか？　建て替えをしてますので、そこまでは古くないかと思いますが」

「うん。言い間違いました。この土地です、うん。代々続いている土地？」

「土地？　土地はずいぶん前からだと思います」

「うん、うん。前……というか、むかしはもっと広かったですか、土地。うん」

「あ、そうです。隣も、その隣も、私の祖父が売った土地だったと聞いています」

「うん、なるほど。お子さまがおじいちゃんを視たと言っているだけですよね？」

「はい、そうです。あ、でも足音を私たちが聞いています」

「うん、うん。なるほど。気にしなくてけっこうです、うん。ボクにもなぜかはわかりませんけれど、この土地のゆかりの者はここに集まるようです、うん。お子さまはおじいちゃんだと思っていますが、おじいちゃんではないですね、正確には。うん」

「え？　じゃあ、誰なんですか？」

「うん。誰というか……ぐちゃぐちゃになっているモノとしかいいようがない、うん」

「ぐちゃぐちゃ？」

「うん、うん。なんかいろいろ混ざっています。土地の関係者はここに集まり、ひとつになるようですね。うん。これはお祓いとか、逆にそういうことしてはいけない」

「あの……隣にNちゃんって子がいるんですが、その子は大丈夫なんでしょうか？」

「うん。大丈夫。なにかあったとしても、この家のせいじゃないし、おじいちゃんのせいでもありません、うん。ちゃんと仏壇にお供えものをして、敬っていれば問題ないかと思います。でも息子さんはちょっと影響を受けやすいかもしれません、うん」

「影響ですか？　例えばどんな？」

「うん、それもたいしたことありませんよ、うん。なにかが視えることがあるかもしれませんが、そのときだけです。そんなことより、ヤバいことがありますね、うん」

「ヤバいこと？　なんですか？」

「うん、それは私ですね。この家って、むかしから来客がすくないんじゃないですか？　きても近所のひとだけとか。私がいまここにいることがダメなようです、うん」

「きゃあッ！　なんの音ッ」

「……玄関、靴箱の大きな鏡が割れてる」

「うん。はやく帰れってことですね。長居するとよくなさそうです。いつも仏壇を綺麗にしてください。お子さんがなにか言っても、あまり気にしないように。あ、あと折り紙でなにかを作って供えてください。なんでもいいです。鶴とか。うん」

「折り紙？　どうして折り紙なんですか？」

「そういえば、Yくんも。仏壇に折り紙をお供えするとか言ってた」

「うん、うん。きっと折り紙が好きなんでしょう。不安なら多めに供えると吉です」

「どうして折り紙なんですか？　宗教的な意味があるとか？」

「うん、ただ単に折り紙が好きなんでしょう。うん」

「折り紙？　親父好きだったかな？　折り紙」

「うん、おじいちゃんじゃありません。いちばん古くここにいるモノがです」

「いちばん古くいるモノ？」

「うん。多分、子どもですね。すごく古い時代の子ども。大勢のひとたちで、ぐちゃぐちゃになっているモノの中心にはその子どもがいます。うん。悪いものじゃないけれど、もしも、その子どもが怒ったら手がつけられない状態になるでしょう。うん。大丈夫ですよ。うん。あ、また割れましたね、どこかで鏡が。そろそろ退散します」

「まだ、でてくる」

「もうすぐYくんは小学二年生ね。二年生になったらテストで百点とりたいでしょ?」

「うん、百てんとりたい！　はやく、サクラさくといいなあ」

「そうだね。また桜が咲いたら小学二年生だもんね。でも、しっかり勉強しなきゃ。交通事故で入院して、天国に逝ったNちゃんに笑われちゃうよ。お兄ちゃんは勉強できないんだって。だから、ちゃんと宿題して。宿題してから遊んで、そのあとはちゃんとお片付けしてね。ほら、また切った折り紙の紙。いい加減ちゃんと掃除しないと」

「はーい、ごめんなさーい。また、おじいちゃんにおりがみ、つくってあげてたの」

「仏壇にね。作ってもいいけど、そろそろ鶴の折り方くらい覚えちゃいなさい。あと粘土。テーブルの上だけってホント何回も言ったでしょ。どんだけ粘土好きなの」

「わかったー。こんど、Nちゃんにもおりがみ、つくってあげていい?」

「Nちゃん？　Nちゃんはお墓にいるでしょ。前にみんなで一緒に行ったじゃない」

「ううん、お墓にはいないよ」

「どうして？　お墓じゃなかったらどこなの？」

「ぶつだん。そこのぶつだんから、Nちゃんもでてくるの」

「え？　お祖父ちゃんだけじゃなく、Nちゃんも仏壇から？　確か、拝み屋さんがそんなことを——となりはもともと、ウチの土地だったから？」

「おじいちゃんとくっついて、ぶつだんからでてくるんだ。何回も言わせるなバカが」


「まだ、でてくる」

「十七年前」

「まいどお久しぶりですっ。Eちゃんです。よろしくお願いします。ぷぷっ」

「なに笑うてるねん。うす！　Kっす！　コイツのダンナっす」

「Kちゃんの話聞かせに行くんや言うたら、オレも行く言うて勝手についてきました」

「すんません！　なんか面白そうや思て、勝手にきました」

「ぷぷっ。ウチら、最近結婚したんっすよ。運命的に。なあ？」

「そうそう！　運命的！　新婚さんなんですわ。二週間前くらいやな？　籍入れたん」

「なんでやねん、もうひと月経つわ」

「ホンマかいな！　なんや時がすぎるのははやいもんやで、しかし」

「もうええから、アンタほら注文しいや。なんか飲み物頼まんと店に悪いがな」

「オマエ、アイスティーでいいな。オレは冷珈《レーコ》で。あ、すみませーん！」

「騒がしいて、すみません。このひと、どこ行ってもウルサイ言われるんで」

「えっと！　なんやったかな！　あ、夢の話な！　オレあれですねん、夢見ますねん」

「夢くらい誰でも見るがな。もっとちゃんと話さんと、わからへんわ」

「ホンマかいな。あのですね、むかしからずっと誰か死ぬ夢とか、ツレが事故る夢とか見るんですわ。最後に見た夢がね、アレ何時くらいやったかな？」

「何時でもいいがな、そこはええねん。あれや、七時や」

「そうそう！　七時ですわ。仕事で疲れてて。現場仕事なんやけど、いま景気悪いですやん。親方が仕事あるうちに働いとかなとかワケわからんこと言うて、無理やり予定詰めていくんですわ。ほんだら滅茶苦茶忙しくなってもうて。クタクタですねん毎日。あ、アイスティーはコイツで、冷珈はボクです！　すんません、あざす！」

「いいから、ちゃんと話、続けえや。ぷぷっ」

「コイツ、可愛い笑いかたでしょ！　生まれつきらしいですわ。まあ、とにかくメチャ疲れてたんですわ。ほんで、帰ってきてコイツがメシ作ってるとき、寝転がったら一秒でウトウトして寝てもうたんです。それで夢見たんですわ。ビビりましたよホンマ。グサーいかれるんですわ、ハラに包丁！」

「私がちょうど起こそうとしたときやんな、起きたん」

「ガバー起きて、ハラ押さえて、うおおおって叫んでましたもん」

「頭、おかしなった思いました。いつもやけど」

「ほんでコイツがどないしたん！　言うからハラ刺されたー言うて。でも見てもなにもなってないし、ああ、夢やったんや言うて」

「めちゃ汗かいてましたよ、このひと」

「ちゃんと説明しましたら、夢では道歩いてましてん。あの商店街ありますやん？」

「コロッケ屋の近くや。あそこ美味しいわ」

「そうそう、美味いなあそこのコロッケ。そのコロッケの店の近くの商店街。知ってますやろ、ナントカいうデパートありますやん？」

「いや、知らんやろ。ダ〇エーな」

「そうそう、ダ〇エーの近く。そこの道まっすぐ歩いて、スナックのビルんところ入ろうと思ったら、走る音聞えてきて、振りかえったらブスー！　そのまま血がボタボタ垂れてきて、もう立ってられませんねん。スナックから出てきたおっさんがこっち気付いて、お前大丈夫か言うて。オレも刺された言うて。リアルすぎるんですわ」

「そのあとすぐに電話してたもんな」

「電話って誰に電話したんや？」

「なんでやねん。アンタやろ、電話したん」

「だからオレ、誰に電話してん？」

「ウチ知らんやん。電話したんアンタやから」

「電話してへんよ。アホちゃうか、メシ食べたやん」

「アホちゃうわ。メシ食べる前携帯どこや言うて、クッションのところあったやんけ」

「してへんわ！　いや、したわ！」

「したやろが、自分のやったこと覚えてへん。ぷぷっ」

「メンゴ、メンゴ。ほんでオレ、その商店街のスナックに知りあいおるから電話したんですわ。なんかブスーって刺される事件最近あったんちゃうか、言うて」

「むこうからしたら、いきなり電話かけてきて、なんやコイツ？　ですわ」

「ないない、なにワケわからんこと言うとるねん言うて、まさかのガチャ切り！」

「まあ、そりゃそうやな。普通や」

「でも次の日、その知りあいから電話かかってきたんです。昨日の夜、電話切って何時間かあとにホンマにひと刺されたわ、お前なんでわかってん、言うて」

「しかも刺されたのがな、後輩の○○くんやってんな」

「そう！　一緒に現場で働いたこともあるし、家連れてきたこともあったよな」

「○○くん、可哀そうに。ええ子やったのに……ぐすっ」

「オマエこんなところで泣くなや！　オレが泣かしたみたいやんけ」

「もう！　泣きたくて泣いてるワケ違うわ、ごめんて」

「でも、納得いかんこともありますねん。寝転がってすぐに寝て、刺された夢みましたやん。夢のなかでは十五分くらい経ってたんすけど、どのくらい寝てた思います？」

「もうゴハンできる寸前に寝転がったんや。多分コイツ、二分も寝てないんですわ」

「他にもなんですか、未来の夢、なんて言うんや、そういうの？」

「えっと……予知夢や」

「そう！　予知夢みたいな話、五百個はありますよ、オレ」

「そんなあるワケないやろ！　ええかげんにしとき」

「十七年後」

「元気でしたか？　Eです。お久しぶりです。大阪で最後に会ってから、どれくらいですか？　あら、もう十七年も経ちましたか。私、変わりました？　おばさんになったってことかしら。え？　上品に？　そんなに下品でしたか、私って。なんてね。冗談ですよ。十七年。息子も高校生になりましたから、そのくらいになりますよね。ええ。あのあと妊娠したんです。いいえ、違いますね。あのときしてた、ですね。まさか、今度は東京でお会いするなんて本当に驚きですよね。え？　Kですか？　もう離婚してずいぶん経ちますよ。運命的だったのに離婚したのかって？　そんなこと言ってましたか。よく覚えてますね。忘れちゃってください。離婚して、ひとりで子育てして、彼氏ができて。

息子と東京に移り住むことになったんです。

Kの夢、その後ですか？　いくつかありましたね、怖い夢、予知夢。私の親せきが亡くなったり、近所のひとが怪我するのを夢でみたとか言っていました。

ただ、あのひと、予知できるのが出来事の起こる寸前なんです。何時間後か数分後かなので役に立たないんです。せめて何日か前なら準備できたりするのに。しかも予知夢はあくまで夢なので、眠らないとみることができません。ナンセンスですね。

関西風に言うならば、なんでやねんです。あ、ちょっと違いますか。

Kに会ってないのかって？　まったく会っていません。いつもお金に困っているので、無心されるだけですから連絡も無視しています。もうすこし息子が大きくなって会いたいと言いだしたら会わせてもいいと思いますが、いまは教育上良くないかと。

そうそう、幸か不幸か。子どもが受け継いでしまっているんですよ。

Kの予知みたいな能力。ああいうのって血のなせるものなんでしょうかね。

それもなんというか、父親よりもいろいろな意味で強くです。

いいえ、何日か先のことがわかるとか、そういう意味の強さではないです。眠らなくてもわかるのはすごいんですけど、父親よりも短いんです。視える未来が。

最初は大阪だったんじゃないかしら。まだ息子がちいさいころですね。震災があったでしょう。息子とテレビを観ていたんです。生放送でニュースキャスターがレポートしているとき『ばくはつ。ぼん！』って叫んで、てのひらを広げたんです。その数秒後、本当に画面のむこうの原発が爆発したんです。どうしてわかったのか聞いたら『だって、ばくはつしたから！』と答えていました。

眠らなくても視えるのは父親より凄いんですが、ほんの数秒後ですよ。意味ないですよね。やっぱり。顔も父親に似てきて、憎たらしくて、でも可愛いくて。

あ。そういえば中学生になったばかりのころ。

友だちと道路を横断しようとしたとき、予知で暴走車を避けたと言っていました。ひとつでも役に立ったのなら、ナンセンスではなかったかもしれませんね。ぷぷっ」

「心霊ではない」

「金縛りですか。ふむふむ……知っていますか？　実は若いときに心霊スポットに行くのは、とても危険なことなんですよ。ほら、よくとり憑かれて変になってしまうみたいな話、あるじゃないですか。あれって、たいてい病気になっているんです。統合失調症のような精神疾患の初回発症は、ほとんどが十代から二十代前半です。

こんなのは遊園地のお化け屋敷みたいなもんだろう、ただの肝試しさ。

他の友人たちもいるから大丈夫だろう、スリルを楽しもう。

何度も行ってるから平気だろう、もうすっかり慣れたもんだよ。

そんな気持ちで心霊スポットにむかったとしても、意識できていないだけで、こころは思ったよりもストレスを感じているかもしれません。それに気がつかないまま恐怖という圧をかけ続けると、どうなるか容易に想像がつくはずです。

そうです。たいていは病気という理由で片がついてしまう。この説明をすると嫌がった顔をされたりしますね。そう、いまのあなたのように。いろいろな意見や見解があってもいいとそちらが仰るから、意見と見解を述べたのです。

じゃあ、なぜ怪談なんか好きなんだ？

それとこれとは別問題。

私の趣向にあなたの押しつけを反映する必要ないですから。

信じていなくとも魅力はわかりますし、そもそも私は押しつけようと思っていません。医療に従事する者の立場として、たいていのことは言い切れます。

集団ヒステリーですら、全員で視えないものを視えると感じてしまう。

何十人が同じ場所にいてもですよ。それならば、ひとりの人物にしか視えていないなんていう症状はじゅうぶんあり得ることでしょう。逆に、そのひとにしか視えていないというのは、疾患の証明とも考えることができますね。現象には説明できる理由があります。なんでもかんでも霊のせいにしちゃいけない。原因はこころにある。

たいていはそういうことです。

なぜ全部じゃなく、たいていなのか？　そりゃ説明できないものもあるからです。

金縛りのときにできたその首のアザ。自傷では無理な方向から絞められていますよ」

「怪談好きなら」

初めまして、ご連絡ありがとうございます。Mさん、でよろしいんですよね？

「ああ、どうもありがとうございます。今日は楽しみにしていました」

いえいえ、こちらこそです。よろしくお願いします。

「よろしくです。早速ですが、まずメールに書いた話の写真です、これですね」

これが例の公園の写真ですね。ううん？　この樹の影のところ？　ですかね？

「いえ、そこではありません。それはただの樹ですね」

それじゃあ、これですか、このすべり台のところですか？

「そこはただのすべり台の影ですね。ここです。ベンチのところ。写ってるでしょ」

ベンチ……ベンチ、ありますね。このベンチのしたですか？

「いやいや、ベンチの上ですよ。寝転がってるのわかりますか、これが頭で肩で……」

いや、ちょっと……私には……わからないですかね……すみません、Mさん。

「なに言ってるんです。写ってるじゃないですか。怪談好きなら視えるでしょう?」

怪談好きなら? はあ……それは関係ないかと思うのですが。わからないです。

「とにかくですね、この夜景が綺麗な公園に行ったワケですよ。

するとウチの彼女が『ここ、怖い。寒気が止まらない』って言いだしたんです。なにかいるみたいなこと言いだして。殺人事件でもあったんじゃないのって。ぼくが彼女に、この公園のどこがいちばん怖いと思う? って聞いたときに『ベンチのところ』って言ったので、スマホで撮ったのがこの心霊写真なんです。

そのときはそれで終わったんです。すぐに帰りましたよ。ぼくも怖かったし。

他に特になにかあったということはありません。

それからずいぶん経って。

今度、男友だち数人と肝試しで心霊スポット行こうぜってことになったんです。それであの公園を思いだして。殺人事件があったっぽいぜって」

ちょっと待ってください。彼女が言ってただけですか?

調べてみると、過去に殺人事件が本当にあったとかではないんですか?

「いいえ、調べてもなにもでませんでした。でも殺人事件の全部が必ずネットにでているわけではないでしょう？」

まあ、それはそうですが……ごめんなさい、続けてください。

「それでね、男友だち三人で明後日行くんですよ、その公園」

え？　まだ行ってないんですか？

「はい。まだ行ってませんよ。明後日です。楽しみなんですよね」

……そうですか。では、行ってなにかあったら教えてくださいね。

他になにか体験談などありますか？

「いいえ、これだけです。ネットで読んだ話なら、いっぱいありますけど」

ネットですか……ネットの話は大丈夫です。では、私はそろそろ。

「え？　もう帰るんですか？　はやくないですか？」

そうですね……次の予定があるので、すみません。また連絡ください。

「あ、もしもし。Mですけど。お疲れさまです。報告です。

公園に肝試し、行ってきました。特になにもありませんでしたよ。はは。

ただ、警察がたくさんいまして。なんでも、自殺があったとか。どんな自殺か？　いや、そこまでわかりませんよ。教えてくれませんでしたもの。ついでに前もここで事件あったか聞きましたけど、わからないって言われました。あれはなにか隠してますね。やっぱりあの公園、前に殺しがあったと思いますよ。え？　自殺？　いや、自殺はぜんぜん関係ないでしょう。なんかベンチのところに横になって死んでいる老人がいたとかなんとか……あの写真と同じ？　なに言ってるんですか、関係ないです。それくらいわからないと。怪談好きなら」

「天国では」

「すごくはっきり覚えている変なことがあるんですけど、聞きます？」

はい、是非お願い致します。

「母親って寝かしつける前、すこしだけ無駄話しませんか」

まあ、子どもはいきなり寝ませんからね。まさに枕です。

「はは、そうですね。落語でいう枕だ。うちの母親も私が幼いころ、夜添い寝をしてくれて。ちょっとだけおしゃべりするのが習慣だったんですよ」

すこしボリュームをさげた声で話していたんですね。

「そう、静かめに。なんの話か忘れましたが、流れで亡くなった祖父の話題になった」

亡くなってずいぶん経っていたんですか。

「いえ、入院してからお見舞いにも行った記憶がありますし、葬儀にも参加しました。

おそらくそのときから数えて、一年も経ってなかったんじゃないですかね」

なるほど。「死」は理解していましたか。

「はい、わかってました。母親が私にもわかるように説明してくれましたから。お祖父ちゃんは天国に逝ったんだよ、みたいな。ある意味、月並みな説明でしたが、死んだということは理解していましたよ」

ならハッキリ覚えていたでしょうね。

「母は私の髪を優しく撫でながら、質問に答えてくれます。私は尋ねました。おじいちゃん、いまごろ天国で元気にしてるかな。

するとお母親は『うん、きっと元気だよ』と笑います。私は続けました。

美味しいものとか、たべてるかな。天国ってたべものあるの？

母親は『もちろん。いっぱい食べてるよ、きっと』と答えます。祖父は亡くなる前、食事制限キツかったらしいので、私もそれをどこかで覚えていたんでしょうね」

入院あるあるですよね。食事制限って。

「そうなんですよね。最後のときなのに切ないですよね。さらに私は尋ねました。でも、おじいちゃん、ひとりでさびしくないかな。

母親は『大丈夫だよ、寂しくない。おばあちゃんも天国にいるだろうし』と言いました。すると、布団を敷いていた真横の押し入れ。そこから声がしました。

『わしは、ひとりです』

ふたりとも凍りつきました。母は怖がりながらも、押し入れを開けました。誰もいませんでしたが……あの声は間違いなく、祖父のものだったと断言できます」

「部屋にきたひと」

「もう、二十年以上前のことですけれど、かまいませんか?」

ええ、もちろん。どうぞお願い致します。

「家の電話が鳴りました。現在絶滅しかかっている固定電話です」

懐かしいですね、固定電話。でもいま思えばちょっと情緒がありますよね。

「そうです。もちろん、すでに黒電話なんかじゃなかったですけど。目を覚ました私が時計をみると、深夜の二時をすぎていました。横で眠っていた夫が起きないよう、私は急いで、電話があるリビングへ。リビングに電話というのも懐かしいですね」

そうですね。当時は能率がいいと思えましたし。それから電話にでた?

「いいえ。リビングのドアを開けた途端、電話は鳴り止みました。もう、寝てたのに。めんどくさいな——ため息を吐きながら、寝室にもどる。すると夫のとなり、私が眠っていた布団が膨らんでいます。誰かが眠っている。驚いた私は動けなくなりました。

すると、またリビングで電話のベルが鳴りました。

混乱していた私はなぜか寝室をでて、再びリビングに行きました。

やっぱり私がリビングのドアを開けた瞬間、電話は鳴り止みました。

でも今度は、電話のことより、いま夫の横で寝転がっているのは誰なんだろうということで頭がいっぱいでした。しばらくリビングで、どうしようかと悩んでいました」

泥棒だったらどうしよう、変質者だったらどうしよう。そう思ったのですか。

「まあ、そうですね。でも、見間違いかもしれない。いまは頭がハッキリしているけど、さっきはまだ寝ぼけている状態でしたから。とりあえず確認しようと決めました。

寝室にもどり、目を凝らすと夫の横には――誰もいませんでした」

見間違えだったんですね。安心だ。

「寝ぼけてた、と恥ずかしくなって自嘲しました。そのまま布団に入り、眠りました」

まあ、よかったじゃないですか。ひとだったら絶叫ものですよ。

「でも、そのほうがよかったのかもしれません」

え？

「翌朝、起きてきた夫が台所に立つ私にこんなことを言いました。

『昨日、怖い夢みたよ。電話が鳴ってさ、お前が寝室をでたんだよね』

『怖い夢？　それ夢じゃな――』

『そしたらさ、首をガクガク振ったおんなが部屋に入ってきてさ』

『おんな？』

『走って入ってきたんだよ！　首を振りながら、笑ってさ。そのままの勢いで、お前の布団に寝転がって。うわって思わず毛布を頭からかぶってさ。え？　なに？　誰？　ってゆっくり、おそるおそるみたらさ、いるんだよ。近い距離でオレの顔、じっとみてるの。しかも変なことつぶやき続けるんだよ。それも嬉しそうにさ』

『……なんてつぶやいていたの？』

『よくわかんないけど、迎えに行くから、迎えに行くから――そんなこと言ってた。オレ怖くて。うしろむいて、また毛布かぶって、耳ふさいで。たまらん夢だったよ』

私はそれを聞いて夫に『それは夢じゃないよ』とは、言えませんでした」

そのおんなが言っていた「迎えに行くから」とは、どういう意味だったんでしょう。

「わかりません。それ以後、おんなは現れていませんし『迎え』というのもなんのことだったのかわかりません。怪談などでよくある、後日に誰かが亡くなったというのもありませんし。まったく心当たりもないんです」

では、あえて予想してみてください。いったいなんだったと思いますか。

「……いまとなって思うのは。リビングで鳴った音、本当に電話の音だったんですかね。あの音と共に現れて、音と共に去ったともとれますよね。わかりませんが、霊とかそういう類のものではないような気もしますし。ホントなんだったんでしょうか」

「きて」

すみません。夜分遅くにお電話をしてしまって。この時間しか空いていなくて。

「こちらこそ先日は変なメールを送ってしまって、申し訳ありませんでした」

大丈夫ですよ。お聞きしたいのはあのメールのことなんですがね。最後のほうは錯乱したような文章になっていましたが、書いたときのことを覚えていますか？

「いえ、それがまったく覚えていないんです。書き始めから途中は覚えているんですが、記憶がすっぽり抜けてしまっていて。本当に申し訳ありませんでした」

私は大丈夫ですよ。メールを読んだスタッフたちは戦慄していましたが。

日常でそういうことはよくあるんですか？　錯乱していく、みたいなことが。

「そうなんです。病院で診てもらえって言われてもいます。いまこうやって話していても『変化』がでるかもしれません。そのときは遠慮なく電話を切ってください」

わかりました。ではメールで書かれていたことをもう一度お話して頂けますか。

「はい。私、両親が死んでから十三年ほど、ひとりで暮らしていまして。父と母、ふたりとも言っていたんですが、特に母親のほうが『私が死んだら、ひとりでも、ちゃんと生活をしていくのよ。それと、毎年、お盆は必ずお墓参りをかかさないようにね』って、常日頃から亡くなる病院のベッドまで、ずっと言ってました」

病院のベッドでもですか。やっぱりなにか意味がありそうですね。

「私は母親と約束しました。毎年必ず墓参りに行くって。言いつけを守っていましたが……去年からの、あのウイルスの騒動です。もともと潔癖な私は、ウイルスが怖く、もちろんそれはいまもですが、すこし過剰に怯えているところがあります」

そういうかたも多いと聞きます。不安が他のひとより強くなる傾向があるようです。

「そうかもしれません。そして墓参りに行けなくなった——あれは八月の終わりごろですかね。家のどこかはわかりませんが、ひとのささやくような声が聞こえだしたんです。それが聞こえはじめると長い。二時間くらいずっとなんです」

メールにあった通り、ささやき声の時間帯は決まっているんですね？

「はい。決まって深夜の零時から二時あたりにかけてです。

「きて」

もしかしたら、侵入者がいるかもしれない。

そう思った私は家を隅々まで探しました。もしむこうが武器を持っていたら怖いですから、私も台所の包丁を持って」

ひとり暮らしだから余計に怖いですよね。

「でも、誰もいないんです。私が住んでいるのは埼玉でもけっこうな田舎で、あたりには私の家しかありません。周囲は静かで、外から聞こえてくる音ではないんですよッ。わかりますか！　家のなかから聞こえてくるんですッ」

そうですね、家ですよね……落ちついてください。

「落ちついてくださいじゃねえんだよッ。怖くていまも、いまも包丁を持っているんですよ、この電話をしながら！　常に包丁と共に生活！　磨かれた刃ッ！　声がもうずっと続いてるんだよッ。おいッ。わかってんのかテメエッ！　聞いてんのかよッッ」

はい、聞いています。そろそろ限界ですかね。

「あのなッ。墓参りに行かなかったせいで変なものが家にきてしまったのかッ、それともオレが変になってしまったのかなあッ。それを確かめにこいって、メールしたよなッ！なんでこないんだよ！　こういうの確かめるのがテメエの仕事じゃねえのかよッ。とにかくさッ、ようするにッ、きてくれってッ。メールに書いた通り、包丁はたくさん買ってきたんだよッ！　ホームセンターでさ！　安全第一でしょうが！　おい聞いてるか？　聞いてるのかよッ！　安全だからさ、きてください絶対に安全なのでッ！　きてください、いまからッ。包丁はお貸ししますからきてくださいって！　こいよッ！　きてきてきてッ、きてきってッ切って切ってください私包丁で切ってえッ」

いえ、電話のほうを切りますね。お疲れさまでした。

「きて」

「暗号」

もしもし。こんばんは。お疲れさまです。ふーっ。

「あ、待ってました。どうも、こんばんは。あれ？　なんか疲れてません？」

すみません。ちょっと怖いひとと電話していたもんで。

「そうなんですか？　大変ですよね、いろいろなひとがいるんで」

ホントにその通り、いろいろなひとがいるんです。包丁とか。

「包丁って。穏やかじゃないですね、大丈夫ですか」

私は大丈夫です。ちょっと気力は吸いとられましたが。あの、メールの件ですが……。

あれ？　メール送ってくれたのは男性ですよね。旦那さんですか？

「そうなんです。熱をだしちゃいまして。ウイルスではないみたいなんですが」

あら、それは大変だ。ということは奥さんですよね。

「はい。私、大ファンなんですよ。本も全部読んでいますよ」

どうもありがとうございます。ちゃんと伝えておきますね。

それでメールで頂いた体験談なんですが。ちょっと読みあげさせてもらいますね。

えっと「都内在住の男性Uさん」は……あったこれだ。じゃあ読みます。


私は以前、仕事の関係により、大阪で暮らしておりました。会社が用意してくれた、すこし広めのマンションだったのですが、そのマンションでは、深夜、数日おきに、猫の鳴き声が響いてくるので、うるさかったのを覚えています。ただ、それだけの話です。

そして数年前、怪談を集めている、御社のことを知り、出版されている本を何冊も読みました。どきどき、ぞくぞくする話で、とても楽しませて頂きました。

私が夢中で読んでいるせいか、私の妻も御社の怪談本を読むようになり、一緒に楽しんでおります。まとめて買ってきた本を、私より先に読むくらいに。

ある日、仕事から帰ると、妻が真っ青な顔をしていました。

どうしたのか尋ねると「ねえ、これって前のマンションと同じ場所じゃない？」と言うのです。妻が差しだしたのは、私がまだ読むのに追いついていない御社の怪談本でした。それは確かに大阪の話で、猫の鳴き声が聞こえるマンションのことが書かれています。私がその話を読んでいる途中、妻が話しかけてきました。

あのとき、まだ私たちが結婚する前、あなたが大阪のあのマンションに住んでいたとき、よく電話で話してたよね？　覚えてる？

ああ、覚えてるよ。

電話から聞こえてくる猫の鳴き声を私がなんて言ったか？　そこも覚えてる？

君は確か……あの猫の鳴き声を……赤ん坊の泣き声みたいって言ってたね。

続き読んでと言われて、読みました。もうわかりますよね。本に書かれていた、むかし産婦人科で堕胎した胎児を、外に捨てていた川。そこを埋め立てて建てたマンション。そのマンションの名前は〇〇〇という名前ではありませんか？

お返事、待ってます。


という内容のメールですが、これに間違いはございませんか？

「はい、実際にあった会話の、けっこうそのままだと思いますよ」

なるほど。これは新たに書籍などで使わせてもらってもよろしいでしょうか？

「もちろんです。なんか使ってくれると思うと嬉しいですね。で、どうなんですか？」

ん？　なにがですか？

「名前です。あっていますか？　〇〇〇というマンションで正解ですか？」

正しいかどうかプライバシーがあるので、ちょっとお答えしかねます。

解答は文章のなかに記しますね。

でも、他のひとにはわかりにくいように暗号みたいにして書きます。

すっきりするように。

「近所の会話」

「おはようございますー。今日もいい天気ですねえ。さっき出勤するダンナさんにも会いましたわよ。奥さんもいまから幼稚園に連れていったあと、出勤ですか？　そうですか。がんばってくださいねー。◯◯くん、バイバーイ」


「あら奥さん。おはようございます。今日も晴れましたね」

「おはようございますー。さっき出勤していきましたよ、オタクのお隣さん三人とも」

「ああ、そうですか。もう、昨日もうるさくて仕方ありませんでしたわ」

「やっぱり。昨日はダンナさんが酔って帰ってきていましたからね」

「あら。そうなんですの？」

「ええ、こう、千鳥足で。もうフラフラでしたわよ」

「近所の会話」


「いいご身分ね、平日なのにお酒呑んで酔っぱらって帰れるなんて」

「本当にそうですわよ。で、そのあと、ほら、あの営みの声でしょ」

「大きな声が漏れているのに、恥ずかしくないのかしらねえ」

「お若いってうらやましいですわね」

「本当ですわ。もうひとりつくる気かしらね。戸建てといっても賃貸なのにねえ」

「あれよ、やることの順位がお若いと違うのよ、きっと」

「ああいうひとたちって、考えかたが違うのよね。ムダが多いのよ、ムダが」

「息子さん、夜泣きしているときなんか、もーうるさくて。近所中迷惑してたのにね」

「エッチなことするヒマがあるなら、そこに気付いて謝って欲しいものですわ」

「でも前に住んでいたひとがどうなったか、知らないみたいですわよ」

「あら。そうなの？　かわいそうーにー」

「それとなく聞いたんです。ここは大家さんの紹介ですかーって。そしたら賃貸の業者って言ってましたもん。あの大手の業者の名前だして」

「大家さん、業者に秘密にしてますもん。なんて言うんでしたっけ、そういう家って」

「事故物件よ。いやね、だから賃貸はキライなのよ。気持ち悪いじゃない」

「夫婦そろって二階で練炭自殺なんてねえ」

「今度のひとたちってあの部屋で寝ているんでしょ？」

「前の住人が死んだ部屋でエッチなことなんか。知らぬが仏ですわ」

「ひとの家を借りて住むしかできないから、そんなことになるんですわ」

「そうですわよね、私たちみたいに持ち家ならいいけど」

「誰が住んで、どんな死にかたしてるとか、知らないまま住んでいるんでしょ？」

「そんなの気持ち悪いですわよねー」

「そんなの気持ち悪いですわよねー」

「あら、ハモったわね。ふふっ」

「私たち気があいますわね、ほほほ」

「……あら、ちょっとイヤだ、奥さん、さっき言ってたじゃないですか」

「え？　どうしましたの？」

「出勤したって。ダンナさんと奥さん。仰いましたよね」

「そうですわよ。出勤していきましたけど」

「なに言ってるんですか。みてくださいよ。いるじゃありませんか」

「……どこですの？」

「二階よ、二階の窓よ。そっと見上げて、気付かれないように」

「え……ああ、大丈夫ですわ、ほほほ。よくみてくださいよ。違いますわよ」

「違う？」

「窓からみてるの、前の夫婦ですわ。ほほほほほほほほほほほほほ」

「寄せる部屋」

「最近同じニュースばかりで気が滅入りますね」

ホントにそうですね。夏、目前だというのに疲れちゃいます。

「今日はなにされていたんですか？」

今日は午前から企画書作り。夕方から番組のゲスト選びです。

「ゲスト選びですか？」

はい。怪談の語り手ですね。制作会社から了承を得たゲスト候補に連絡して、たいていは怪談を聞いてから出演可能かを尋ねる段取りです。それをしていました。

「へえ。そうなんですか。今回はタレントですか？　怪談師のかたですか？」

芸人のかたですね。面白い話が聞けましたよ。出演してもらおうと思っています。

「へえ、それはそれは。どんな話でしたか」

Sさんというかたなんですが。

彼女は中学生のころ、ホラーDVDが大好きだったそうです。ホラー映画や心霊映像を集めたシリーズものみたいなやつ。それらを鑑賞するのが楽しくて仕方がなかったそうです。

Sさんには同じ趣味を持つ友だちがいました。R穂さんとH樹くんです。

よく三人で鑑賞会を開いていたらしいですね。

ある週末、レンタルショップに新作が並んだので三人でまた楽しむことにしました。

場所はR穂さんの家。SさんもH樹くんも家の前までいったことはありましたが、なかに入るのは初めて。外観だけでなく、豪邸と呼ぶのにふさわしい広い家でした。

実際に入ってみると長い廊下があり、部屋がいくつもありました。

リビングにある大きなテレビでホラービデオ鑑賞会が始まります。

一本を観終わるごとに三人で感想を言いあいました。

「私、あのシーン怖かったとよ！　顔も、めっちゃインパクトあったし」

「ぼくはあそこのシーンかな。予想してたのになんかビックリした。面白かった」

「よし、次も期待していってみよう！」

「ふう、面白かったね。何本目がよかったと？　わたし最初のやつ」

「ぼくも最初のやつ……いや、二本目のやつかな」

「私も二本目かな。結末が意外やったし、なんか無駄にエグかった」

「前に観たやつも同じような話やったけど、こっちのほうが好きかな」

「ストーリーより音楽のビックリが勝ってるけど面白かった」

「大きいテレビで観ると迫力が違うわ……そりゃそうと、挨拶せんでいいの？」

「挨拶？　誰に挨拶？」

「いやいや。R穂ちゃんのお母さんに。お家、お邪魔してるから」

「え……うちのママ？」

「そう。三本目観てる途中、帰ってきたけん、ちゃんと挨拶せな」

「そうなん？　夢中になってたから、ぜんぜん気付かんかったわ」

「ママ、まだ帰ってこんよ。今日は遅くなるもん」

「いや、さっきおったよ。そこの入口からこっち覗いとった」

「あのガラス戸のところ？」

「うん。廊下に立っとった。会釈はしたけど」

「立っとらんって。まだ帰らんもん。ああ、H樹くんも視えるひとなんやね」

「……？」

「ウチの家族、みんな視えるんよ……ちょっとこっちおいで」


R穂さんは立ちあがって、リビングの戸を開け廊下にでたそうです。

ふたりとも首をひねりながら彼女についていった。

長い廊下を歩き、曲がり、さらに歩いていく。

突きあたりに木の扉があった。家に似つかわしくない、ボロボロの扉。


「ここ。この部屋にくるんよ」

「なに？　このドア」

「なんかここだけ雰囲気がぜんぜん違うね」

「開けるよ。部屋のなか、みて」

R穂さんが木の扉を開けると、なかは四畳ほどのせまい空間。

家具も荷物も、なにもない部屋。

ただ床にも壁にも天井にも隙間なく――びっしりと御札が貼られていました。


「なに……この部屋？」

「ウチの家族、よく呼んでしまうらしいんよ、ゆうれい」

「ゆうれい？」

「うん。だからこの部屋に御札がいっぱい」

「こ、ここに、ゆうれいがくるの？」

「うん。あ、でもここは怖い部屋やなくて、守ってくれる部屋なん」

「守ってくれる部屋？　どういう意味？」

「家に入ってきたら、この部屋にくるようになっとるけん。おびき寄せるんよ」

「……この部屋にきたらゆうれい、どうなると？」

「消えてくれるけん、この部屋で」

彼女の言葉で、H樹くんはガタガタ震えだしたそうです。
それからSさんは二度とR穂さんの家にいくことはなかった、というお話です。

「窓に浮かぶ顔」

　では、例の話をあらためてお願い致します。

「はい。ずいぶん前のことです。電話がきたんです。オレ、ゆうれい視たかもって」

　それがあなたのお友だち、Kさんからですね。

「はい。彼の奥さんが先に寝室で休んでいて、Kはリビングでテレビを観ていました。寝転がっていたせいもあって、いつの間にか眠ってしまったようです。秋だったので、ちょっと冷えてきたんでしょうね。寒くなったKは寝室に行こうと体を起こしました。テレビを消して立ちあがり、あくびをしながら窓をみると――」

　外から見知らぬ男が覗いていた、と。

「部屋はマンションの九階。窓の外には立てるような足場はありません。その男と数秒間ですが目があったそうです。男は無表情で、じっとKさんをみつめていました」

人間じゃない、と理解するまで時間がかかったんでしょうね。

「かもしれません。そして悲鳴をあげて寝室に走りました」

もちろん悲鳴を聞いて奥さんは目を覚ます。そして奥さんに言ったんですね。

「はっきりみた。短髪の目のほそい男だったって」

奥さんは驚いたけど、冷静を装って否定した。夢をみただけだろうって。

でもKさんはしっかりと、数秒ものあいだ男の顔をみている。

その男の特徴を奥さんに話したんですね。

「はい。それが若い男、ピアス、細目、という特徴でした。よっぽど怖かったんでしょうね。勝手な見解まで奥さんや私に説明した。それが『事故で死んで成仏できずに、さまよっている若い男の霊』です」

なるほど。その顔が毎晩、窓に現れるようになった。

「Kは窓のカーテンを閉めて開けないようにした。ついでに、盛り塩をしたり、御札を貼ったりも。窓に近づかないよう奥さんに指示までした」

ところが、奥さんはその顔に心当たりがあった。そのせいで逆に困ってしまう。

「自分の旦那は毎夜、覗いてくる霊を成仏させるにはどうしたらいいのか、お祓いはどこでやっているのかと調べている。だがそれは無駄なこと。窓に顔が現れたからといって、死者とは限らない。なぜなら、その男は奥さんの不倫相手だったからです」

最初に男の顔のことを聞いたときから、わかっていたんですね、奥さんには。

「はい。生霊だと知っていたんです。その相手とはもうすでに別れていて、番号もアドレスもメールフォルダも全部消してしまっていた。だから連絡のとりようがない」

でもその男の生霊が現れる。生霊はどうやったら消えるのか、わからない。

「だから対処法を知るために、私がそちらに体験談を送ったというワケです。もう何年も前ですよね。なんだか懐かしいです」

はい。ありがとうございました。これであらためて全体像がわかりました。

どうでもいいことなんですが、この話っていくつか嘘がありますよね？

「え？　嘘はついていないつもりなんですが、どこの部分でしょうか？」

内容がしっかりしすぎていますので。なんとなくわかります。

あ、現象そのものは疑っていませんよ。

私が言ってるのはそれ以外の部分。実はウチの書記が、この話を何年か前に本に載せたんです。正確には本というか、本に挟まっていたチラシに載っている小話だったんですが。視点が変えられていて、奥さんの体験談として載せていたんです。あとでどうして変えたのか聞いたら、そのままだと辻褄があわなくて、と言っていました。

それを聞いてピンときたんです。ははっ。私も気付くの、遅いんですけどね。

いくつか細かい嘘がありますが、予想では○○の説明部分が大きな嘘じゃないですか？　どうでしょう？

「……ふふっ、なんだか探偵ものみたいになっちゃいましたね。そこはご想像にお任せします。それじゃあ、失礼します」

「乗車してきた男」

「どうも。都内のプロダクションで営業をしているIです。よろしくお願いします。
私自身、取材を受けるのは初めてなんで緊張します。まあいいや。始めます。
その日、私、名古屋の事務所から新大阪にむかうため、新幹線に乗ったんです。
ちょうど連休でした。ほとんどの車両は満席。私は前もって席をとっておいたので、
チケット片手にグリーン車の通路側、自分の席を探していました。いえ、いつもグリー
ン車ではありません。ちょっとスケジュール変更とかあって、本当はタレントが乗る予
定だったんですよ。たまたまです。いつもはただの指定席か、自由席です。
書かれてある席番号を数えながら、あの付近だなって目星つけて歩いてました。
自分の席みつけて、横の窓側。そこ座っている男のひとみて、妙な感覚になった。
理由、すぐにはわからなかったですね。

でも、このひと絶対知ってる……どこかで会ったことがあるって思ってました。

男性は窓のほう、顔をかたむけて眠っているけど、側頭部に見覚えがある。

はい、側頭部です。頭の横。考えてみればそれも変な話ですよね。あはっ。

私、思いだそうとがんばったんですよ。誰だっけ？　同業？　だよな？　一緒に仕事をしたことのあるタレントさんじゃないかと思いましたけど、それなら顔ですよね。側頭部なんかみて思いだすワケがない。

あんまジロジロみてちゃ失礼だから、前をむいて考えてた。誰だろこのひと。

するとね、そのひと寝ていたんですけどね、一瞬だけおきたんです。

顔をまっすぐ正面むけて。私も正面をむいて横目でそのひとをチラ見した。

むこうもチラ見してたんじゃないかな。でもすぐにまた窓のほうをむいた。

あれ？　いまの顔……オレじゃん！

そう思って『えッ』って顔をむけたら、むこうも顔をむけてきたんです。

ええ、ほぼ同時でした。驚いている顔してましたよ。鏡をみている感覚です。

その途端、ぱっと視界が変わって、私が窓側に座っていたんです。

夢？　いや、いま名古屋だな。いまオレ乗ってきたよな。

混乱しているうち、新幹線が動き始めました。どうなってるんだ？　さっきのひとは？　オレがさっきのひと？　え？　そうだ、チケット。チケットみたら、どこから乗ったかわかる。ポケットに手を入れて、スマホケースに差し込んでいたチケット確認したんです。

品川から乗っているんです。名古屋じゃない。疲れているから混乱してる。なんかオレ、ヤバい。そう思いました。そしたら名古屋の事務所から連絡が入ったんです。忘れ物してるよって。もうね、ワケわかんなくて。考えるの止めました。

え？　もうひとりの私の服装ですか？　まったくみたことのないスーツでした。

私よりいいの着てましたよ。あはっ。

なんか別の世界でもあって重なったような気になりましたね。なんなんでしょう」

「ジュースの話」

では、Tさん。よろしくお願い致します。

「私が小学生、奈良に住んでいたときの話です。そこは山岳地域、季節は夏でした」

田舎だったんですね。

「ええ、まあとんでもない田舎です。山に囲まれているだけの場所でしたね」

「めっちゃ暑くない⁉　もう火がつきそう」

「また川、行こうや。Tくん泳ぐの好きやん、めっちゃ上手いし」

「行ったらアカンって言われてるし。Dくんのせいにするで、行くんやったら」

「あっつー。もうイヤや、オレ。ジュース飲みたいし」

「あ、そうや、Dくんの家行ってオバチャンにお茶もらおうや」

「えー。オレ、ジュースがいい……あ、そうや。ジュース、パクりに行けへん？」

「パクりにってどこに？　街まで行くん？　わざわざ自転車で？」

「違うねん。いつもジュースある家、オレ知ってるねん」


「学校へむかう道から外れて、十五分ほどのところにある山道の途中。そこに、その家はありました。大きな旧家で、かなり広い庭の家です。そこに連れていかれました」

Tさんは初めて行くところだったんですね。

「はい。ちいさな道はたくさんあって。言ったことのない場所も多かったですから」


「なにこの家。めっちゃ広いやん。Dくん、この家知ってるん？」

「そうやろ、めちゃ広いねん。オレ、小三のときにここ来たことあるねん」

「そうなんや。ほんでここ、誰の家なん？」

「むかしの友だちの家や。まだ生きとるかな、アイツ」

「生きとる？　どういうこと？」

「ずっと死にかけてるねん。体が動けへんねんて。病気で。生まれつき」

「え？　ここでジュース、パクるん？　勝手に入って？」

「大丈夫や、バレへんから。こっちこっち。ほらここから庭に入れるねん」

「えー。そんなんしてもいいんかな……」

「バレるから、急いで。あ、開いてるわ。戸、全部。あそこの広い部屋あるやろ。あそこから入って廊下、右に曲がったら台所あるから。冷蔵庫からジュースとってくる」

「オレ、どこにおったらいいん？　ついて行くん？」

「ここにおったらバレるかもしれんから。Tくんは部屋のなか入って、待っとき。オレ、台所行ってくるから。寝てるヤツおるけど、声だされへんから大丈夫や」

「Dくん、滅茶苦茶やな。欲望に忠実すぎへんか」

「なに言うてるねん、ほら行くで！」


「庭を横切って、部屋に入りました。布団に男の子が寝転がっていました。Dくんの話だと同じ歳らしいですが、体はちいさかったです。病気というか障がいを持っていたんだと思います。Dくんが台所に行っているあいだ、その子とふたりになりました」

　その子は眠っていたんですか。

「いえ、顔を横にして外のほうをむいていましたが、目はじっと私をみていました。曲がった手が顔の横でピクピク動いていました。私はハンディキャップを背負ったひとを、みたことがなかったので衝撃を感じていました。こんな子もいるんだって。しかも、盗みに入ってるワケですから、胸のあたりが重くなったのを覚えています」


「Tくん、盗ってきたで。早よ逃げよう」

「う、うん。なあDくん。この子、大丈夫なんかな?」

「え? 大丈夫ちゃうやろ。いいから行くで!」


「部屋を飛びだす寸前、私はもう一度、彼をみました。なんとなく、ばいばい、と言っているような気がしたので私は彼に手を振りました。そのまま学校の近くの神社まで走って、Dくんと瓶のジュースを飲んでいました」

「なあ、あの子って、ずっとあそこにおるん?」

「知らんけど、多分そうやろ。学校行かれへんもん。長生きできへんって言うてたで」

「なんか、かわいそうやな……」

「生まれつきやからしゃあない。死んだらお葬式行かな。いとこやし」

「いとこ……いとこの家からジュースをパクる、Dくん……」

「強く同情しましたが、やっぱり私も子どもなので、しばらくしたら忘れてました。それから何日か経って、大阪に住んでいる親せきの家から、お菓子が山ほど届いたんです。私は一人っ子だったので、全部自分のものになると大喜びしました。親はそんな私をみて『友だちにもわけてあげや』と言いました。そのときなぜか、あの子のことを思いだしたんです」

やっぱりどこかで、悪いことをしてしまったって気持ちがあったんでしょうね。

「そうだと思います。私はクッキーを何枚か持って、ひとりであの家にむかいました。

再び敷地に忍びこんで、庭を横切り、戸が開いたあの部屋を覗く。

やはり彼は布団で寝転がっていました。

私はすこし照れながら、ちいさな声で『おっす』と声をかけます。前にきたときと同じく、横をむいて、目だけが私をみていました。

私は靴を脱いで、部屋に入るとこう言いました」

「今日はお菓子持って来てん。食べれるか？」

「…………」

「ほら、ここに置いとくから。食べや」

「…………」


「私は枕元にお菓子を置くと、すぐにその場を去りました。

いま思えば、体が動かないので包みを開けて、食べさせてあげればよかった」

そのようすだと噛むこともできなかったかもしれません。

「それから二カ月くらいですかね。夜寝てると、声で目が覚めたんです。

上半身をおこして、まわりをみました。でもなにもない。

気のせいかと思いつつ、起きたついでにトイレに行くことにしました。

暗い廊下を進んで、トイレに入り用を足す。

トイレをでて自分の部屋にもどろうとしたとき、また声が聞こえたんです。

それは弱々しく微かなものでした。
(なんや、誰かおる……?)
声がするのは廊下の先です。なにかが動いている。私は目を凝らしました。
あの子がいたんです。ずるずる、ずるずると体を這わせて、廊下を進んでくる。
私は驚き、息ができなくなりました。
彼は『あ……ああ……』と声をだしながら私のほうへ進んできます。
怖くて、逃げなきゃ、と父親と母親の寝室にむかいました。
寝室に飛び込んだとき、勢いあまって派手に転び、父親の上に倒れました。
父親はびっくりして『なんや!　Tか!　どないしてんッ』と叫びましたよ」
お父さんになんて言ったんですか?
「ひと言め、気が動転してましたから『転んでもうた!』としか言えませんでした。
でもそのあと『誰かおるかもしれんから、みてきて欲しい』とお願いしました。
私のようすがおかしかったので、父親は『泥棒かも』と確認しに行ってくれました。
誰もいないことがわかると、部屋にもどされました。ひとりで寝るのは怖かったです」
お父さん、そしてお母さんには、みたことを言わなかったんですね。

「はい。それだけの話です。あの子がどうなったかも、知りません」

ありがとうございます。興味深かったです。ジュースから始まる物語ですね。

「ジュース……ちょっと待ってください。いま……思いだしました。

その出来事から、さらにしばらく経って——学校が終わり、ひとりで帰っているとき、声をかけられました。振りかえると黒い着物の綺麗なおばさんが立っていました。知らないひとです。夕日を背にして、私に近づいてきました。もしかしてあのひと——」

「え？　おばちゃん、誰なん？」

「こんにちは。これ、好き？　もらってくれるかな？」

「あ、瓶のジュースやん！　コレ、めっちゃ好きやねん。いいの？」

「うん。そっか。よかった。元気でね。ありがとう。本当にありがとう、ね」

「命乞いする霊」

「ここのツボ全部、ひとつひとつに霊が入っているんですか?」

「そう。ひとつ、ツボ。ひとり、魂。霊、入てます。今日もうるさいてす」

「こんなにたくさん……なんか怖いです」

「大丈夫てす。怖くないよ。自分て外てること、無理。てきない。一度このツボ入れられた、順番、待つ。それしかない。なんにも怖かる必要ない。安心してくたさい」

「順番? これは除霊しているんじゃないんですか?」

「除霊? 除霊違う。除霊違うくて、なんて言う? 除霊の準備」

「除霊じゃない? ツボのなかに入れることが準備なんですか?」

「そう。準備。ツボ、苦しい。外でたかってる。でもダメ。ダメてすよ」

「そうなんですか……それはそうと日本語上手ですね」

「たくさん勉強した。ニポンからくるひと、まあまあ多い。みんなお金持ちぱかり。ニポンはお金持ちのひとが縁起？　運？　大切にする国てす」

「話を戻しますけど、このツボのなかに入ってるって、どうしてわかるんですか？」

「すこく、声聞こえる。声だす、全部のツボ。全部？　全部か？　多分、全部」

「声ですか。どんな声ですか？　なんて言ってるんですか？」

「みんな、同ちこと言てる。みんな同ちこと、叫ぷから。うるさい。いまもうるさい」

「同じこと？　全部別々なのに？」

「そう、同ちこと。ここのツボ、入れられる霊、みんな悪い霊ぱかり。誰かを大怪我させたり、引きつりこむ、なんて言うニポン語て？　引ぱる？　命とる？　殺す。たから私たち、仕事きて、ツボ入れる。もうでれない。いちばん古いの、あのツボ」

「あの高いところに置いてあるツボですか？　どれくらい古いんですか？」

「あいつ、もう、七年くらい？　八年？　それくらい。もっと弱らせてから、儀式で消す。それまで、あそこに置いて、苦しんて、苦しんてもらわないと困るから」

「そんなに苦しませるなんて。よほど悪いことをした霊なんですね」

「悪い霊。おんなの子の親の体に入る。人形みたいにして、おんなの子に毒食べさせて病気にして命とた。親、死刑になた。でもあいつ、また他の親に入る。繰りかえす繰りかえす、仕事きた。めちゃくちゃ殺してきた、子どもぱかり。すこく悪い霊」

「すごく悪い霊……ですね。全部のツボの霊のこと、覚えているんですか?」

「自分が入れたツボ、ああ、たいたいわかるヨ。あのツボも、悪い。ほらあそこ、赤と黒のツボ。あれ、イヌとネコぱかり病気する、殺してた。とても悪い。ペット飼い主、悲しむ。泣く。あいつ嬉しい。笑う笑う。すこく笑う。ここにいるの病気で生き物を殺してきたやつぱかり。中身? 性格? こころ? とても歪んて悪くなてる」

「……で、なんて叫んでいるんですか?」

「最初、ここきたとき、たすけて、こめんなさい、だして、ツボ、もう悪いことしない、だして、だして、ツボからだしてくたさい、言う。全部、うそ。うそつきの霊」

「まるで命乞いみたいですね……霊なのに」

「そのうち、みんな変わる。最初、こめんなさい、たすけて。てもそのうち、ゆるさない、殺す、殺す、おまえも殺す、絶対殺すから、死ね、死ね、死ね。悪いてしょ?」

「悪いですね……それがいま、あなたに聞こえている声なんですか?」

「違う、また変わたから。全部でこいつら、三回変わる。最初、こめんなさい。次は殺すとか、死ねとか。いまここにあるのは三回目、最後の声に変わてるから、また違うこと叫んてるよ」

「なんて叫んでいるんですか、いまは?」

「もう、言葉違う、おおお、とか。があぁ、とか。もう、動物みたい。もうここ、動物園。今日もうるさい動物園。こんなにうるさかったら私、病気になちゃうよ」

「終わってる会」

「それでは今日かえしたテスト用紙は、ちゃんとご両親にみせるようにしてください。

そして朝礼のときに校長先生が言っていた通り、だんだんと陽が照ってる時間が長くなってきましたので、帰宅時間に注意してください。

まだ明るいからと油断していると、すぐに五時六時になってしまいます。校庭で遊ぶのはいいけれど、帰宅の放送が流れる前に帰るのがベストですよ。

あと、前にも言いましたが例の、水浸しの件です。

まだ犯人が名乗りでていません。

先生は皆さんを信じて、ちゃんとお話してわかってもらったつもりです。

また繰りかえしますが、学校はみんなのものなんですよ。

校庭や廊下は他の学年の子たちも使用しますが、特に各々の教室にいたっては、そのクラス全員の、大切な場所です。
朝はやくからあんなに水浸しになっていて、とても迷惑だったでしょう?
教頭先生は水漏れかと思ってチェックまでしてくださったんですから。
面白がってやったのでしょうけど、ひとに迷惑をかけるのはいけないことです。
ふざけていいことと、悪いことがあります。
このまま自分のしたことを隠すことはできるかもしれません。
でも、それはいずれバレてしまうのです。
なぜなら、悪いことをした人間は必ずボロがでます。
それはちいさな行動だったり、発言だったり。
些細なことでわかってしまうものなのです。
いまちゃんと謝って、本人が反省をしなければ、その子のためにならないからです。
自分でおこなったことは自分で責任をとるべきです。
なにもこの場で白状しなさいといっているワケではありません。前にも言った通り、
先生の机に手紙を置いておくとか、職員室に言いにくるとか……なんですか、Aさん。
他のクラスの子のしわざじゃないのかって?

もちろん、その可能性はあります。

でも問題がおこったとき、他のクラス、他者のせいにしてうやむやにするのを私は良しと思いません。この教室でおこったことは解決しなかったとしても、追及を続けるべきです。はい、なんでしょうBさん。

ゆうれいが犯人だと思います?

あなたはいったい、なにを言っているのですか。

高学年にもなってそんなウワサを信じてどうするんですか。しっかりしてください。

この世のなかにゆうれいなど存在しません。

ときどきテレビでバカなゆうれいの番組をやっていますが、それはバカな大人がないもの、確認できないものを面白おかしくでっち上げて楽しんでいるだけです。そのような低俗なものを信じるのは幼稚園児だけですよ。なんですか、Cさん。

朝、どうして出席をとるのですか?

出席はあなたたちの名前を呼び、ちゃんと無事に学校にきているのか、それを確認して記録するためです。いまその話は関係ありますか? 空気を読んでください。

そういう意味じゃない? 名前を覚えているのか? ですって?

はあ……なにをワケのわからないことを。確かに私は出席簿を読みながら点呼をとっています。でも、もしも出席簿がなかったとしても、全員の名前を言えるに決まっているじゃないですか。なぜかわかりますか？　教師だからです。私はこの仕事についてから生活のすべてを捧げています。あなたのような、先生が大事な話をしているときにふざけるのが、いちばん悪いです。そのまま立ってなさい。

まったく。何年か前のDさん。あのときのDさんを覚えているでしょう？　あの子のときのように先生が目をつけて、ことあるごとに叱るだけで、あなたをクラスの厄介者にすることもできるんですよ。先生という仕事はそのようなことをする権利があります。家がお金持ちだからって私は容赦しません。容姿が可愛くてもダメです。私が小学生のときにイジメられていた気持ちをわかってもらいます。みんなに平等に接するのが私の信条なのです。Dさんみたいにいじめられて、孤立して、自殺しても、それは結局あなたのせいなんですよ。Dさんはよくわかっているでしょう。ねえ。Dさん。Dさん？　そんなに笑ってなにが面白いんですか。本当に憎たらしい。憎し」

「先生！　また学校にきちゃったんですか？　あれほどお願いしたのに。こんなもう使っていない教室でひとり、なにやってるんですか。すぐご両親に連絡して迎えにきてもらいますから。ささ、落ちついて。大丈夫ですよ。いきましょう」

「あの先生、また学校きてたみたいだよ。退職して三年経つのに」

「なんで旧校舎の水浸しのとこなんだ？　担当してたクラスの教室じゃないだろ？」

「さあ。あそこで自殺した生徒が忘れられないんじゃないの」

「来年とり壊しだから、流石にこなくなるでしょう。さ、私もそろそろ帰ろうかな」

「歯が好き」

「歯。歯の話。乳歯って抜けるよね」

抜けますね。大人の歯に押しだされて。子どもの抜けた歯って可愛いですよね。

「うん。ちっちゃくて可愛いね。自分の乳歯って持ってる？」

持ってないですね。持ってるものなんですか？

「日本では歯が抜けたら投げるよね。上の歯が抜けたら床下にむかって」

下の歯なら天井にむかって、でしょう。良い方向に伸びるよう、願かけですね。

「ネズミの歯のように強くなれっ！　って言いながらね」

それは初めて聞きました。どうしてネズミなんですか？

「多分、ネズミの歯が強いからでしょ。こういうのも地方性があるのかな」

かもしれませんね。まあ、子どものための、おまじないみたいなものでしょう。

「チリやコスタリカじゃ、乳歯を大切にして大人になったらアクセサリーにするの。イヤリングやペンダントに。そういうのも素敵よね」

へえ。でも加工できるでしょうから、そういう使いかたも可能でしょうね。

「他の国でもいろいろあって。畑に埋めたり鶏小屋に投げたり。いちばん多いのはトゥースフェアリーがくる話かな。枕元や窓際に置いてると妖精がくるの。歯を持っていく代わりにプレゼントやお金を置いていってくれるんだって」

それも聞いたことあります。『トランスフォーマー』でも、プールからでてきたロボに子どもが「歯の妖精さん？」って聞いてましたね。ああ、最近抜けたんだな、みたいな。あんな細かい演出好きです。

「でも最近は研究が進んでいるからすごいみたいよ。乳歯とか親知らずは再生医療で役に立つから、捨てないほうがいいんですって。ネット記事で読んだわ」

日本で、ずっと乳歯を捨てないで持っているひと、みたことないですけどね。

「私の知りあい、歯が大好きなひとがいたよ。持ち歩いてたの、自分の歯」

歯を？　大人になってから？

「大人というか学生のときね。五本は持ち歩いていたみたい。専用のケースに入れて大

「歯が好き」

事に。つきあっている彼女はそのこと知らなかったんですって。まわりの男友だちが何人かそれを知ってたけど彼女には言えなかったみたい。

ま、そりゃそうよね。話題に上げても仕方ない本人の趣味だし、自由だし。

でも、彼女としゃべってると、やたらみつめるんですって。歯。

ほら、おんなの子って視線に敏感じゃん。だから彼女はよく『どうして口元ばっかりみてるの？　なにかついてる？』って彼氏に聞く。彼氏は否定したりごまかしたりしてたけど、口じゃなくて歯をみつめているの。なんか不気味でしょ」

さすがに「歯だけが好き」でつきあっていたワケじゃないでしょう。

「うーん、そうとも言えないのよね。その彼女、あるとき『親知らずを抜きに歯医者行ってくる』っていったら、彼が『絶対もらってきて』って懇願。もらってきた歯を彼が欲しがってプレゼント。彼女もイヤイヤだったかもしれないけど。そのあとすぐに別れてた。だから本当に歯が目的だったかもよ」

でも、普段みえている前歯とみえない奥の親知らずじゃ形状が違いますよ。

「さあ、奥にあった親知らずかはわからないけどね。一度、その彼の家に友だちが泊まりに行ったことがあったの。あ、それがこの話を聞いた私の友だちなんだけどね。

夜、部屋で寝てると、机からぼやっと光った煙？　もや？　みたいなのがでてたんですって。なんだろうと思って近づいたら、銀色のケースからそれがでてる。

これなんだろ？　と思って手を伸ばしたら、

『おいッ！　ふざけんなッ、触るなよッ』

寝てたはずの彼が飛びおきて、怒鳴ったの。すぐに電気点けられて。顔みたらめちゃくちゃ怒ってるんですって。

『ああ、ごめん、なんか光ってるようにみえたから』

『オレの宝物の歯なんだよ。ゼッテー触るなッ』

とにかく彼をなだめて、落ちつかせたの。

そしたら今度は『お前の好みの歯ってどんなタイプ？』とか聞かれて。

ワケわかんない質問だけど、また怒りだしても面倒くさいから話、あわせてたのね。

『そうだよな。いいよな歯って。でも、なんでそんなに歯が好きなんだ？』

『歯はな、魂が入ってるんだ。もしもそのひとが死んでも歯はずっと残る。魂が残るってことなんだよ。それに可愛らしいだろ。あのなかに神経とか入ってるんだぜ』

のっちゃって、やたら語りだしたのね。友だちも（なんかヤバいな）と思いながら話聞いてるんだけど、気付いたの。普段隠していたみたい。

彼の口のなか、数本しか歯がない。

自分で抜いたんでしょうね。寒気がしたけどむこうは歯の魅力を語るモードになっている。語りながら友だちの歯をチラチラみていた。友だちは怖くなってきて、苦笑いを浮かべる。彼、友だちに言ったそうよ。

『だから、お前も歯が抜けたら持ってこいよ。トレードしてやるから』

『トレード？　トレードって、そのなかのお前の歯と交換か？』

『んなわけねえよ、これだよ、このなかのどれかだよ』

言いながら引出しを開けたら、歯がずらっと並んでたの。

ねちゃあって、口を開けて笑う顔をみて、友だち、すぐに帰ったらしいわよ。


私が知ってる怪談はこの程度のもん。人間の怖い話って怪談になるの？」

まあ、多分なりますね。それに光っているけむりは、なんだったのでしょうか。

「友だちがただ寝ぼけてただけかもね。それかもしかして歯の怨念？　歯に念なんかこもらないか。でも悔しいとき歯をくいしばるって言うわね。どうなのかしら」

どうなんでしょうね。どこでそんなに歯を手に入れたんでしょうか。

「わからない。でも、いまはもっとたくさん持ってるんじゃないの」

もっとたくさん？　どうしてそう思うんですか？

「だって、その彼、卒業したあと歯科大学にいったの。いまは歯医者さん」

「怪談部屋」

「昨日の夜、二階にいました？　そう……ですか。いませんでしたか。金曜なんでユーチューブの『怪談部屋』の配信をしていたんですが途中、二階で走りまわる音が響いてきて。けっこう激しい足音の。なんだったんでしょうか」

「明るさ関係してる説」

「あのね、ぼくの考えた説聞いてもらえます？　ぼくのオリジナルの説です。

いっつも思ってたんです。どうしてゆうれいって夜にしか現れないんだろうって。

そんなことない？　昼間の話もたくさんある？　でも総合的に夜が多いでしょ？

あ、おかわりいります？　ちょっと待ってくださいね。はい、どうぞ。

続けますね、この部屋にいたっていう男のゆうれいも夜じゃないですか。そこで寝転がっているとき、視た状況を思いだしたら、あ、そうかってわかったんです。

わかります？　わかります？　電気ですよ、電気！　電気を消してたんです。

電気を消していると、ゆうれいが視えるっていうのは、夜視えるっていうのと関係があると思いませんか。

だから先輩、昼間に廃墟とか心霊スポットとかいって配信とかしても、絶対ダメなんですよ。映らないし、視えないでしょ。

明るかったり、電気が点いてたりして。そのせいで絶対に確認できない。

実はいるのに、視えていないんですよ。

理由、明るいからオンリー。きっと存在が薄くて暗くて、光に弱いんですよ。

明るいと確認できない。でも夜になる、もしくは暗くなると、視える。

どうですか、この説。グッドでしょ。

え？　薄かったら暗いと、よけいに視えないいんじゃないかって？

なるほど、一理ありますね……。

ということは、わかった、逆か！　薄いんじゃなくて明るいんです。

光と同じくらいに明るいから、つまりは光ってるから、明るいと視えない！

どうでしょう、このぼくの説は。

だから電気を消す、もしくはその差を比べるために点けたり消したりするだけで、視えるかもしれない、ぼく的な交霊術です。

名付けてライトオンオフ法。ネーミングがダサい？

いいんですよ、ネーミングなんて。じゃあ、やりますよ。この照明リモコンを使って電気を消します。そして……点けます。明るいですね。では消します……いい感じです。点けます、わあ、まぶしい。消します……なんか雰囲気キテるんじゃないですか……点けます。消します、あ、常夜灯、豆電球のボタンもありますね、じゃあ、ここで豆電球！　どうですか、視えそうでしょう。なんか楽しいですね。え？　ぼくの足元に誰かいる？」

「オンライン飲み会」

「説明不要のご時世のせいで、スマホを使ったオンライン飲み会してたんです」

ゆうれい、映りましたか？

「はい、そうです。どうしてわかったんですか？」

まあ、その始まりだとそういう話の確率が高いですからね。

「はあ。そういうものなんですか」

何人でやっていたんですか、オンライン飲み会。

「私も含めて女子四人ですね。家が遠い子ばかり」

あまり個人的にしたことはないのですが、楽しいんですか？

「慣れですね。疲れたり酔ったりしたら切って、すぐ横になれるのでラクですよ」

なるほど。そのときも楽しんでましたか。

「ええ、週末なのにどこもいけないから面白くない、なんて愚痴を言いながら。話題は共通した友だちの話、仕事の話、恋愛の話っていう流れです。

そのなかのひとりにKちゃんっていう子がいて。彼女は駅のなかにある持ち帰り専門の食品店で販売をしているんです。そういう店は時短になっているところ、すくないんですけどKちゃんのところは休みになっちゃって。正社員じゃないから給与の補償がなく困っているみたいでした。

その彼女が『ずっと家にいるせいか、気持ちの悪い夢をよくみる』って確かにいつもより暗くて、ちょっとようすもおかしかったから、他のみんなも心配してたんです。

思いだしてみたら彼女だけ、お茶を飲んでいましたね。最初は気を使って明るい話題を振っていたんですけど、そのうちみんな酔ってきちゃって。恋愛話からまた愚痴にもどり、ウイルス、政治、そして怖い話が始まりました。

そのとき『もしかしてKちゃん、とり憑かれてたりして』なんて言われてました。いつもだったら私も止めるのに、酔っていたのもあって話題に乗っちゃって。

『Kちゃん、なにかそういう心当たりあるんでしょー』

そんなこと言っちゃって。普通ならやめてよ、もう、とか言うじゃないですか。

でも本当に目を伏せながら、ひくい声で答えたんです。

『やっぱり……そういうのって、言わなくてもわかるんだね』

みんなも、え？　みたいになっちゃって。

『なに言ってるのKちゃん、冗談だよ』

『真に受けちゃダメだよ、ホントにとり憑かれちゃうぞ』

みんなが明るくフォローしても、聞いているのかいないのか、ぜんぜん響かない。

『私最近、変なもの視えるの。真っ黒い手みたいなやつ』

そんなこと言いだして、みんなシーンですよ。これマジっぽいわ、って。

でもとり憑かれている『マジ』ではなく、病んでるなって感じの『マジ』です。

そのうちのひとりが言いました。

『ナムナム！　Kちゃんにとり憑いている者よ、私にかかってこい！　やあッ！』

どッとウケました。面白くもなんともないんですが重い空気でしたから。

Kちゃんも笑ってくれて。ちょっと明るい感じになったんです。

あとでもとの調子にもどったKちゃんに、なんであのとき、とり憑かれてるって思っていたのって聞いたんです。そしたら、なんか駅で飛びこみ自殺みたらしくて。

その相手が飛びこむ寸前にKちゃんのほうみて、なにか言ったらしいんです。でもそれが聞きとれなくて。なんて言ってたのかはわからないけど、笑みを浮かべていたから気持ちが悪かったたって。そのせいで病んだのか、とり憑かれたのかはわからないんですけど、とにかくいまはぜんぜん無事。というお話ですね」

え？　おわり？　どこにゆうれい映っていたんですか。

「はい？　ああ、ゆうれい。そのナムナムって言った子です」

ん？　んん？　えっと、その子のスマホの画面ってことですよね？

「画面？　ああ『うつりましたか』ってそういう意味でしたか。いえ、そうじゃないんです。その子、それからちょっとずつ変になっていって。いま実家に帰っています。天井から黒い腕が伸びてくるとか言っていますよ」

わかりました。なるほど。画面に映ったんじゃないんですね。

「そうです。オンライン飲み会で『映った』のではなく『移った』ということです」

「店が満席だった話」

「すみません、ただいま満席でして。ごめんなさい」

「あら。満席……いや、私ね、友だちと待ちあわせしてたのよ。なんできてないのかしら？　はあ。じゃあ仕方ないわね、もう、こんな年寄りとの約束破るなんて」

「すみません、ただいま満席でして。ごめんなさい」

ああ……はい。そうですか。じゃあ、またきます。

「あら。お兄さんも待ちあわせしてたの？」

え？　いえ、待ちあわせではないのですが。満席でした。残念。

「そうなの？　煙草吸える喫茶店、減っちゃったものね。どこも繁盛してるわ」

そうですね、喫茶店だと、この付近じゃ二軒しかないですからね。

「もう一軒はどうだったの？」

今日は定休日で。ここが最後の場所でした。

「もう呑み屋さんが、はやくから開いているのだけが救いね。呑みに行くしかないわ」

なんだか楽しくない時代になりました、仕方ないですね。帰ります。

「退屈ね…………一緒に呑みにいく？」

あ、はい。行きましょう。

「え？　行くの？」


「変わった仕事しているのね。いいわね、なんでもできて。私なんか、もう六十七よ。お婆ちゃんなんだから。生きてるだけで精いっぱい。おビール、おかわりください」

そうですか。でも、めちゃ元気ですよね。やたら呑みますし。

「健康だけがとりえなの。唯一の自慢。お医者さんだってかかったことないのよ」

それは素晴らしいですね。

「あなた、変わった髪してるわね。それ、何色なのかしら」

日や光のあたりかたによって変わるので。今日は……紫入った銀色かな。

「私ももっと染めたいんだけど面倒でしょう？　もうちょっと頑張らなくちゃね。なんだっけ？　ああ、怖い話ね。うーん、ゆうれいとか視たことないし……」

なんでもいいんですよ、ゆうれいじゃなくても。例えば、ここにあったものが無くなっていて、家に帰ったらなぜか机の上に置かれていたとか。よくよく考えると不思議だったなとか。なんでも。

「不思議だったこと？　んん、そうね……公園のゲートボールにきてたひとがもう死んでたってことがあったけど」

めちゃ、ゆうれいじゃないですか、それ。視てるじゃないですか。

「いや、でもそれは私いなかったの。友だちが話してたのよ。

ずっとベンチに座ってるから○○さん、やらないの？　って声かけて。

ただ、ぼうっとみてるだけで参加しなかったらしいの。

気がついたらいなくなってて。

あとから聞いたら前の週に入院してたらしくて。そのまま死んじゃったたって。

じゃあ、公園にきていた○○さんはゆうれいだったたってこと？　って話になった。

他のひとたちもいや、あれは絶対いたよ、なにかの間違いでしょって。

そのまま誰も確かめに行かなかったから、本当のことはわからないけどね」

ゲートボール、超好きだったんでしょうね……あ、おかわり頼みますか？

「うん。頼むわ。あとは……私の娘がまだ小学生のとき、一年生だったかな？

夜中、ぎゃーって大泣きし始めたのね。

なに、どうしたの？　って聞いたらオバケがいる、怖いって窓を指さしてるのね。

黒いオバケがいた、怖い、怖い。そういって叫ぶワケ。

もう夢みただけだから、大丈夫だからって慰めて。

でも泣き止まず結局、私の布団で眠ることにして。夫もなんか変だな、本当に視たのかもって気持ちの悪いこと言ってね。そんなワケないじゃん、ねえ。

でも次の日、娘と同じ幼稚園に通っていた仲良しの友だちの家が全焼してて。

その子——焼け死んじゃってたの。

もしかして寂しかったから娘に会いに、窓に貼りついてたのかも……考えたら怖くなってきちゃった。なんかあれね、ぜんぜんそんな話ないって思ってたけど。案外話していると、記憶がよみがえって思いだしてくるものなのね。不思議。

でも妙なのは、ウチの娘、あんなに泣いていたのにもかかわらず、一年も経たないうちにそのこと忘れちゃったのよ。どれだけ聞いても覚えてないって。

やっぱりイヤなことって忘れちゃうものなのかもね。

でもいいわよね、別に。窓に貼りついた黒焦げの友だちなんて、忘れちゃっても」

「あぶない催眠術」

「家に帰ってしばらくして、電話です。Yの母親からの。
『あんた！　ウチの子になにしたの！』
そりゃもうスゲー怒った感じで、ぼくもひるんじゃって。
『ちょっと待って、怒鳴られても。なにをしたってどういう意味なんですか？』
『ヨダレを垂らして、ぼーっとしてるの！　変なクスリでも飲ませたの？』
あっ！　って、すぐ気がついて。速攻、Yの家に行きました。自転車パワーで。
Yの母親はもう鬼のような形相で待っていました。まるでオーガです。
『あんたね、コレみてみなさいよッ！　普通じゃないでしょッ』
自分の息子をコレ呼ばわり。突っ込みたかったけど、そんな空気じゃないですから。
『いや、お母さん違うんです、落ちついてください。これは催眠術なんです！』

『は？　なに言ってるのあんた？　頭は大丈夫？　バカなの？』

『はい、大丈夫です。バカじゃないです。頭かしこいです。まあ聞いてください』

そして必死で説明しました。一時間くらい前のことを。


高校の近くの公園に集まって、みんなでしゃべっていたんです。前日に、テレビで催眠術の番組やってて。その話題で盛り上がってたんですね。そのうち、誰かが催眠術をかけてみようって言いだして。いわば、催眠術ごっこ。それが始まったんですね。

交互に催眠術をかけあいました。お前は眠くなる、眠くなる。手がだんだん軽くなってくる、どんどん軽くなってくる。お前は犬だ、お前は従順なワンちゃんだ。

ガクンガクン眠たそうにしたり、手が浮かんでいくフリしたり。ワンワン吠えたり。

大声でかかったような演技をして遊んでたんですよ——はい、高校生なのにです。

本当に催眠術なんか使えるワケないでしょう。遊びです——はい、高校生です。

Yも催眠術ごっこに参加して、はしゃぎながら遊んでいました——ええ、高校生。

なんだったらいちばん楽しんでいたかも——彼も高校生です、しつこいですね。

みんなと同じふうにかけているフリも、かかっているフリもしてました。

やたら上手かったんです。かかってる演技。役者クラスでしたね。多分。

でも本当は、本当に催眠が本当で、本当にかかっていたんです、いや本当。

とにかく催眠術ごっこのことをYのお母さんに話しました。


『あんたたち……高校生にもなって……なにやってるの……?』

お母さんはあきらかに、催眠術ごっこをやっていたことに愕然としていました。

そんなこと話したくなかったけど、いまからやること、それ考えたら話さないといけない。催眠を解かなきゃいけない。それも超ドン引きしてるお母さんの目の前で。

『それでは……恥ずかしいけど、始めさせて頂きます』

ぼくは一時間ぶりに、再び催眠術師にもどりました。

公園で催眠術をやったときと同じ動きとリズムで。え? どんな? 両方のてのひらをYの顔の前で蝶のように動かして。藤岡弘、みたいな声で歌うようにです。

『はーい、Yくーん、Yくーん、きこえますか、Yくーん。いつもお疲れさまでーす、Yくーんとても素直なYくーん、さっきの催眠がまだまだ効いているYくーん、お母さんに怒鳴られても、催眠が解けない純粋なこころを持つYくーん、聞こえますかー?』

Yはヨダレを垂らしながら『キ、キコエマス……』って声をだしました。

確信しました。とても母親の前でできることじゃない、これ演技じゃない、とね。

『はーい、Yくーん、催眠にかかりやすい、でも解けにくい、Yくーん、隣でお母さんが、すごーい怖い顔でみてるYくーん、いい加減に目覚めましょうね、Yくーん』

『ム、ムリ……』

『はーい、Yくーん、Yくーん、抵抗しないでYくーん、ここで抵抗する意味ないYくーん、オレも恥ずかしくなってきたYくーん、なぜムリなんですか、Yくーん』

『ナンカ……ナンカ動物ミタイナノガ……カラダニ……ハイッテル……』

『Yくーん、Yくーん、それはあなたの野生の部分です、Yくーん、高校生なのでお互いしっかりしましょう、Yくーん、オレも限界に近づいてきました、Yくーん、催眠解けて、Yくーん、明日の学食の日替わりはキツネうどんですよ、Yくーん』

『キ……キツネウドン……スキ……』

そのあたりで、ついにお母さんの堪忍袋の緒がキレてしまいました。

『あんたたち！　ふざけるのも、いい加減にしなさいッ！』

オレを蹴り飛ばし、Yくんに極上のビンタをかましました。

怒りがＭＡＸだったんでしょうね。ビンタは合計三発。もう、すごい音でした。

そのときです。お母さんもオレもぎょっとしました。Ｙが『はあぁ』と声をだすと同時に、口から煙が登ったんです。その瞬間、部屋のなかにニオイが広がりました。

動物園で嗅ぐような——獣のニオイ。

お母さんにもそれがわかったようで、真っ青になってオレのほうをむきました。

その目は（いまのはなに？）と怖がった感じのものでしたね。

直後、Ｙはもとにもどり、オレたちはひとしきり説教を受けました。

Ｙいわく、公園にいたあたりから記憶が途切れ途切れになっているとか、なんとか。

そしてもう二度と催眠術ごっこをしない約束をしたんです。

オレ催眠術師の才能ありますよね？　その才能、終わらせてしまっていいんですかね？　はい？　この話、催眠術じゃない可能性があるって？　え？　どこ？」

「駐車場のおんな」

「いま住んでいるところの話です。O駅から二十分くらいですかね。住宅街にあるアパートです。仕事が家でできるようになったせいか、深夜に作業してることが多くなって。夜って作業効率いいような気がするんですけど、変にお腹が空くんですよね。でもアパートのまわりにはなにもないし、コンビニもちょい遠くて。我慢して駅前行っても、要請で開いている店もすくない。配達サービスも終わってる。

仕方ないんで自転車買ったんです。

おかげでコンビニには行きやすくなって。あと、なんか久しぶりに自転車乗ったら、あれですね、気持ちいいんですね。風をこう、体に浴びるのって。駅前だけじゃなくて、もっと遠くに行ってみたり。スマホの地図アプリみながらいろんな種類のコンビニ巡ってみたりして。なんか深夜に自転車乗るの、楽しくなっちゃったんですね。

んで、とあるコンビニに行ったんです。ちょっと遠めの。

自転車停めるとき、そこの駐車場、あ、車は一台も停まってなかったんですが。

おんなのひとがいるんです。茂みのほうをむいて、店側に背中をむけて。女性の服の種類、あんまわからないけど。茶色っぽい服で、なんかの柄ものでした。それより腕が異常に細くて。ほとんど骨じゃんって感じの。

こんな時間になにしてるんだろ？　そう思いながらコンビニ入って買い物して。でてきたら、いなくなっていたんです。でも立っていた場所になにかありました。近づいてみたら、そこ花が供えられているんです。わ、誰か死んだんだって思って。後ろから『おんなの子、いましたか？』って声かけられて。ゴミ袋持ったコンビニの店員でした。多分店長でしょうね。私がうなずくと店長はため息をつきました。

『餓死です。ちょっと前に。仕事も家もなくなってホームレスになったひとみたいですけど、ときどき立っているんです。花、ぼくが供えているんですけど成仏できないみたいで。かわいそうに。イヤな時代ですよね。仕事なくなったら死ぬんですから』

なんとも言えない気持ちになって……いま頑張れることを頑張ろうと思いました」

「受け継がれる不幸」

「長い話なので、できるだけ淡々と説明します。さびしい私の母の人生の物語です。

母が生まれたのは下町でした。

文化住宅と呼ばれる長屋ばかりの貧しい町だったそうです。

両親をはやい時期に亡くした母は、伯父に育てられました。

伯父は母が中学三年生になるまで面倒みてくれましたが、家計が苦しく、とてもじゃないが学校に通わせられないと泣いたそうです。

母は学校に行くのをやめることにしました。

三年生になってから二カ月しか通えなかったそうです。

悔しかった、と言っていました。

アルバイトを探しましたが、まだ十五歳だったので雇ってくれるところがすくなく困りました。それでもなんとか伯父のツテで工場に勤めることができました。

まわりの大人たちは中年男性ばかりで、彼女のことを珍しいものか、いやらしい目でしかみませんでした。それが毎日とても気持ち悪かったと言っていました。

一年ほど真面目に働きましたが、酔った工場長に乱暴されそうになったのをキッカケに辞めたそうです。理由を伯父に話すと『それくらいのことで仕事を辞めるヤツがあるか』と怒鳴られたのがショックでした。もう、すぐにでもでていきたかったのですが、育ててもらい、家においてくれているので我慢するしかなかったみたいです。

次に働きだしたのは喫茶店でした。

自分に近い年齢の子が何人かいましたが、仲良くはなれませんでした。

やはり、学校に通えなかったのが負い目になっていたようですね。

冬場、喫茶店の外で店の窓を拭いているときのことです。

変なひとがガラスに反射して映っていました。ボロボロの服をだらしなく着ている男。振りかえると、男は道のむこうで立ち尽くし母を睨みつけていました。怖かったので作業を終わらせて店内にもどったそうです。

その喫茶店では二年働きましたが、経営難で閉店することになったらしいです。

そのあと、パン工場やＢＡＲなどで働きましたが、長続きせず苦労したみたいです。


二十一になった母は、昼はお弁当屋さん、夜はキャバレーで働いていました。

ある昼間、伯父が事故で亡くなった報せが店に届きました。

現場仕事の最中、材木が落下した事故が原因です。

伯父は義務感で母を育てていたひとで、本当に善人とは言えない人間でした。

それでも母には残された唯一の肉親だったので（本当にひとりになってしまった）と悲しみました。伯父の最後のお別れには、誰ひとり訪ねてこなかったそうです。

伯父が亡くなった途端、アパートの家主の態度が変わりました。

夜、働きにでているのが目障りなので、でていって欲しいとのことでした。


さらに一年ほどが経過してキャバレーのお客の男性と母は結ばれました。

それが私の父です。

父は、母の身の上に同情し、母を大切にしてくれました。

初めてのデートはドライブだったそうです。

ちいさな軽自動車だったそうですが、母がひとの車に乗るのが初めてと聞いた父は、できるだけ綺麗な場所をみせてあげたかったのでしょう、海沿いを走りながら、母に夕陽を眺めさせたそうです。潮のかおり、水面に輝くオレンジ色の陽、顔にあたる涼しい風。どれもが母のこころを震わせました。このひとの運転する車ならどこでも行ける。母はそう思ったそうです。


ときが経ち、私が産まれました。

父は一生懸命、仕事をして母を大事にしていました。

でもそのうち、夜呑みに行くようになりました。

私たちより呑み仲間と話すことのほうが楽しくなってしまったようです。

お父さん、前は優しかったのよ。あんなに優しいひとを私、知らないんだから。

寝る前に、よくそんなことを嬉しそうに私に言っていましたが、父はだんだんと家にお金を入れなくなっていきました。

私が九歳になるころ、父は帰ってこなくなりました。

あとで聞いてわかったのですが、そのとき事業に失敗してしまった父は、ひとが変わったようになり、多くの負債を抱えていたそうです。なにもかもを放り投げてしまいたかったのでしょうね。それでも母は父を信じているようでした。

ある朝、母が私に言いました。
『昨日の夜の男のひと、覚えている?』
なんのことかわからず、私は尋ねました。すると母はこんな話を始めました。
深夜に私はむくりと起きてトイレに行きました。
なかなかもどってこないので、心配した母はようすをみにきました。
玄関の前で私は立っていました。それも目をつぶったまま。
『なにしてるの、お布団もどろう』
そう声をかけると、私は目をつぶったまま妙なことを言ったらしいのです。
『ここに、おとこのひとがいたよ、おサムライさんみたいなひと』
サムライと聞いて、寝ぼけていると思った母は笑いました。
『ホントだよ。いってたよ、むだだって』
私は続けたそうです。

『おいえが、のろわれているから、むだなんだって』

もちろん、私はなにも覚えていません。

ただ母は『むかし喫茶店の前でみたひとだと思う』と言うんです。

ええ、確かに。喫茶店のくだりを前に聞いたときには、母は着物姿とは言っていませんでした。でもなぜか確信があったようです。

もしかしたら、私に言っていないだけで……その男のひとを他の場所でもみたことがあったのかもしれません。


それからしばらくのあいだ、私は母の友人に預けられました。

私に真剣な眼差しで『何日かで、必ず帰るから』と言っていたのを覚えています。

母が去ったあと、友人にどこにいったのかと聞いたら四国と答えました。

数日がすぎ、一週間がすぎ、ひと月がすぎました。母はいっこうに帰ってきません。

母も父と同じように、私を捨てていったのだと考えだしました。

友人に泣きながら話すと『絶対帰ってくるから』と私を慰めてくれました。

ある夜、突然母は帰ってきました。

髪を短く切り、別人のように痩せていました。

顔もアザだらけでしたが、なにより驚いたのは、母の右手がなくなっていたのです。

母は『頑張ってきたよ』と弱弱しく笑いました。

友人も私も悲鳴のあと、大声で泣いていました。母は片手で私を抱きしめました。

右手は何日も前に失ったらしく、包帯が巻かれていましたが血がにじんでいました。


いまも母になにがあったのか、わからないんです。

私は子どもだったので、自分が寝ぼけて、変なことを口にしたのが悪かったのかと思いました。ずいぶんしてからそれを尋ねると、母は笑って首を振りました。

『むかしのひとたちが可哀そうだっただけ。誰も悪くないよ』

そう言って左手で私の頭を撫でてから、遠い目をしました。

母は父を優しいひとと言っていましたが、私は母ほど優しい人間を知りません。


それから十二年だけですが母と幸せに暮らしました。彼女がガンで入院して、亡くなるまで。ふたりだけで。ゆったりとした時間の最後だったと思います。
病室で果物を食べながら『手、どうしてなくなったの？』と久しぶりに聞きました。
いつものようにただ笑うだけと思いきや、母は窓の外を眺めながら答えました。
『誰かさんの、ちいさくて可愛い赤ちゃんのためよ』
そのとき微かですが、窓の外から潮のかおりが流れてきたのを覚えています」

「箱に入った人形」

「ずっと会いたかったんですよ。光栄です。初めまして」

ちょっと大げさです。でも、まあ、初めまして。怪談師を目指しているとか。

「そうなんです。といっても最近になって知ったんですけどね、こういう仕事。あ、でも怖い話はむかしから好きですよ。今日はよろしくお願いします」

へい、よろしくお願いします。いま現在、お仕事はなにされているんですか?

「〇〇で正社員をしています。勤めてもう、十数年です」

そっちのほうがいいので、怪談師一本とか止めておいたほうがいいかと思います。

「やっぱり大変ですか、怪談を仕事にするのは」

そうですね、大変ですね。このご時世じゃイベントも打てませんし。そもそも怪談だけで食べていけるひとって、日本で十人もいないと思いますよ。

「じゃあ、市場独占ってことですか。素晴らしいですね」

まったくそんないい話じゃありません。儲けはすくないし、受け入れられるジャンルじゃないし、無意味に足を引っ張るひとはいるし。地獄ですよ、職業としては。

「儲けがすくないのに続けていて、なにか得はあるんですか？」

得ですか。ないです。そのうち自称霊感持ちの芸人に喰われるんじゃないですか。

まあ、強いて得を挙げるなら、怖い話がどんどん集まってくる、くらいはあります。

「素敵じゃないですか」

素敵ですか？　確かに私も最初はそこに魅力を感じていましたが。

「素敵ですよ。私もそこをなんとか目指したいと思います」

いまの仕事を続けながらでいいと思いますよ。がんばってください。

それはそうと、今日はなにを聞きたいんですか。

「いろいろあります。あとでお酒おごるので、お話聞かせてください」

酒で釣ろうという魂胆ですか。ありがたいですけど、私けっこう呑みますよ。

「大丈夫です、遠慮なくどうぞ。ぼくもホームワークみたいに怪談を集めだしています。最近、ちょっと面白い話を聞きまして。人形系の話なんですけど」

人形ですか。割と鉄板で怖いのが多いですよね。聞かせてください。

「はい。私の知人にTという女性がいまして。その女性、占い師をしているんですけど、なぜか霊能者と間違われたりすることも多いんですって」

わかります。怪談師もそういう風に言われること多いですから。

「混同されやすいんですよね、きっと。そのTさんは店というよりブースで仕事をしていたんです。ほら、よくショッピングモールのフロアの端で、壁の仕切りだけ並べて、入口は短いカーテンみたいなのつけた、レンタルスペースみたいなところ。そこで毎日占いをして生計を立てていたんです。

あるとき出勤すると、Tさんのブースの前に、ちいさな箱が置かれていたんです。お中元とかで送りそうな、銀色のクッキーの缶くらいのサイズ。

なんだろ、これ？　Tさん開けてみたんですよ、その箱。そこにはソフトビニール製みたいな、キュ○ピー人形そっくりの、裸の赤ちゃんを模した人形が入ってました。

前にも除霊を何度か頼まれたことがあって。

ああ、誰かこの人形を私に丸投げして置いていったな。

そうすぐにわかったそうです。迷惑ですよね、除霊はできないって普段から言ってるのに。また箱にもどして、ブースの隅に置いていたんですって。

持ち主がくるかもしれませんから。念のためしばらく置いてて、こなければ捨ててしまおうと考えていたみたいです。五日間、箱を置いていたんですけど、その五日とも怖い思いをしたらしいですよ」

ほう。どんなことがあったんですか？

「最初の日はブース内の隅、その箱をじっとみるお客が数人いたんです。

そのうちのひとりに『なにか気になりますか？』って尋ねると『あの箱から煙がでているような気がして』と言っていたそうです」

煙ですか。水蒸気みたいな感じですか。

「やっぱりディテールが気になるんですね。そのお客はこう、手をまっすぐ垂直に動かす動きをしたので気になり『それって、どんな感じの煙ですか』って私も聞いたんです。お客は『なにか燃えているような』と答えた」

燃えているような、ですか。気味悪いですね。

「二日目、昨日置いていた位置よりも、すこし箱が動いているような気がしたそうです。端の壁にピッタリつけていたのに、ほんのちょっとですが移動したかのように離れている。これはTさんがそんな気がしただけかも、と言っていました」

箱のフタは閉まったままですよね。

「はい、きっちり閉まってます。動いていたのは箱そのもの。足で端にもどしたそうです。三日目、仲のいい警備さんが話しかけてきたんで、箱のことを言ってみました。するとその警備員さん『ここなら……あそこ。あそこにビデオカメラがあるんで、どんなひとが置いたか、映像をチェックしましょうか?』と言ってくれました。

犯人の姿がわかっても、取りにきてくれないと、どうしようもないんですけどね。

でもいちおう、頼むことにしたそうです。

その最中、かたッと音を立て箱がふたりの目の前ですこし動いた。

さすがに警備員もTさんも、ちょっとゾッとしたみたいです」

ほう、映像には映っていたんですか、箱を置いた犯人は。

「四日目の朝、警備員がきて『ちょっときてくれませんか?』と警備室にTさんを連れていきました。Tさんは(映像で犯人わかったんだな)と思った。案の定、映像をみせられました。

『これ、箱が置かれる前の夜です。ほら、ブースの前に箱、ないでしょう』

『あれ、ないですね。てっきりモールの閉店間際に置かれたと思っていました』

『私もそう思ったんですが、ないんです。でも、これが朝になった映像です』

明るくなると、箱があるんですよ。あれ？　どういうこと？

『じゃあ、夜中に誰かモールに忍びこんで置いていったということですか』

『……みてくださいよ、これ』

警備員はもう一度、前夜の映像にもどして早送りを始めました。

ブースの入口、カーテンのなかから、ゆっくりと箱がでてきているんです。早送りで相当ゆっくりでてきているので、何時間もかけて動かしているとわかります。

明るくなる時間、なかから箱を押している手がみえました。

モノクロの映像なんですが多分、おんなのものと思われる手だったそうです。

手はブースのなかに引っこんでいきました。

そのあと、出勤して箱をみつけるTさんが映っています。でもカーテンのなかに入ったとき、誰かがブース内にいるようなようすがないんです。

『これ、お祓いとかしたほうがいいんじゃないですか？』

警備員は昨晩、この映像の手をみつけて、怖くて仕方がなかったそうです。

Tさんは真っ青になりながらブースにもどりました。

壁の端に目をやると、もちろん箱があります。さっきの映像を思いだして、ブース内をよく観察しました。あの手の角度からして、なかにいた者は床に這いつくばって箱を押していたはずです。でもあの朝、ここには誰もいなかった」

Tさん、かなり怖かったでしょうね。そして五日目は？

「五日目の朝、今日は箱を処分しようと、彼女は決めていました。でも、できれば触りたくないんですね。そりゃそうだ、気持ち悪くてしかたないでしょう。どうしようかと考えながら仕事をしていました。その日は週末で忙しかったそうです。若い子もたくさん占いにきてくれて。そのなかに変なことを言うお客がいたんです」

お客？　煙をみたってひとみたいに、箱になにかを感じるひとですか？

「いえ、そんな感じではありません。ふたり組の十代のおんなの子たちです。占いの結果を聞いては嬉しそうに、はしゃいでいる子たち。高校生っぽかったらしいです。

その子たちがこんなことを言っていたそうです。

『聞いてくださいよー。この子、この歳になってまだ人形と寝てるんですよ』

『なによ、いいじゃない勝手でしょ。人形好きなんだもの』

『人形のこと好きすぎて、もう人形のほうから寄ってくるもんね！』
『どうやって人形が寄ってくるのよ、ワケわかんない！』
こんな会話があったそうです。Tさんは人形と聞いて、一瞬ドキッとしました。
ふたりが帰るとき。人形好きって言われていた子。
その服の裾に——あの人形と似ている人形がぶらさがっていました。
しばらくはなにも思わなかったのですが。
ひとりになって（……まさか、さっきの人形は！）と気付きました。
目をやると、いつの間にか箱のフタが開いてて——人形がなくなっていました。
それ以来、その子たちをみていないし、どうなったかもわからないそうです。
ただ、やっぱりTさんは怖くて……念のため、お祓いを受けたそうですよ」

「お祓いの重要性」

「でも、お祓いの効能ってどれくらいあるんでしょうか」

お祓いをするひとにもよると思います。実際どれくらい効くものなんでしょうね。

「どうなんでしょうね。怪談では最終的にお祓いが登場する話も多いですし」

最終的な解決方法が「お祓い」っていうのは多いですよね。組み立てた物語で言うならば起承転結の「結」が怪談ではそこにあたる。落としどころとも言いますね。

でも、現実的に考えて、どのくらいの効能があるかはケースバイケースです。必ず効くのか、何割くらい効くのか、効果はずっと持続するのか。そうやって考えると効能というのは「なにをしたことによって怖い目にあったか」だと思います。

「それが軽ければお祓いで解決しますし、重ければ解決しない、ということですか」

はい。ぼくは心霊現象って、大体がこころの問題だと思っていますから。

「良心の呵責などによるストレスが原因ということですか。精神的な病だと」

私が聞いてきた怪談は全部そういうものです。と、言いきりたいんですが、そうでもない事例があるから困ります。これはどっちなんだろう？　考えれば考えるほど理解不能。残念なことに、わからないとしか言えない話もいっぱいあるんです。

「わからないというのは、怪異か精神的なものか判断がつかないってことですか？」

例えばそうですね、こんな話がありました。Wさんという女性なんですが。

実家に電話がかかってきて。確か電話にでたのはWさんの母親だったはずです。

Wさんの兄が務めている会社の上司からだったそうです。お兄さんのようすがこの数日おかしいって。お兄さんは都内の会社員だったんですがね、どうおかしいのか尋ねると、言いにくそうにして要領を得ない。発言が妙だとか、ひとりごとがどうとか。何日か前から会社にもきていないそうで。

母親は心配して、すぐにお兄さんに連絡をとろうとしたのですが携帯にでない。父親に相談したあと、同じく都内に住んでいるWさんに「ようすをみに行って」と頼んだ。

彼女も心配になって、すぐに彼の住んでいるアパートにむかったそうです。

インターホンを鳴らしたが応答なし。ドアノブをまわすと鍵は開いていました。

お兄さんはいました。あぐらをかいたまま驚いた顔でWさんをみていました。げっそり痩せていて、口を半開きにして。いつからそのままなのか、スーツ姿で。おにいちゃん大丈夫？　声をかけると、指さしてこんなこと言うんです。ちょっと、あれ。あれ、みてくれよ。壁から、おんなが、こっちみてるの。壁をみると、なにで描いたのか、髪の長い女性の顔の落書きがありました。Wさんは平静を保ちながらお兄さんと話をしようとしました。お兄さんは、ちいさな声でぶつぶつとつぶやいています。意味不明なことばかりだったそうです。

どこにいってもコイツが話しかけてくる。死ねって。あんなことするんじゃなかった。でもたまたまみただけで偶然だったのにそれは絶対オレの責任じゃないよな。でも死ねって。好き好んで助けなかったワケじゃないのに。会社のオフィスの天井にもバスの窓ガラスにもコーヒーカップからも死ねって。謝っても聞いてくれなくて。オレも死にたくないって思ってたけど、最近は死んだら許してくれるのかって聞いたら、にこにこ笑ってたからやっぱそうなんだ死んだらセーフなんだ生きてたらアウトなんだって寝ても覚めても考えてたらああやって顔をだして死ぬ方法みたいなのを教えてくれるからホントは優しいおんなだったんだな、ふへへっ。

「それは……完全に病気じゃないですか。すぐなんとかしないと、ヤバそうだ」

Wさんもそう思いました。友人に助けを頼んで、実家に連れて帰ったそうです。その友人もWさんの地元のかたで、お兄さんのことを知っていたらしく。元気が売りみたいな明るいひとだったのに、彼の変貌ぶりに驚きを隠せなかったみたいです。なんせ友人の顔をみて言ったことは「オレ、死にたいんだ」ですからね。

「お兄さん、そんな酷い状態で立ったり歩いたりはできたんですか」

できたみたいです。一緒に新幹線に乗って実家まで帰ったと言っていました。

そのままお兄さんは実家で休養することになりました。なにせつぶやいていることが「死ぬ」ですから穏やかじゃない。そのせいで両親も彼から目が離せない。

もちろん両親がつき添って、お兄さんを病院に連れていったそうです。入院させたほうがいいという話もでたようですが両親は家で休ませたがりました。実家は田舎なので、近所のひとたちのウワサになるのを嫌がったみたいですね。

「お医者さんの診断はなんだったのでしょう。うつ病かなにかですか？」

聞いたけどよくわからなかったとWさんは言ってました。ただ処方された薬を飲んでいるあいだは症状が落ちつき、ブツブツつぶやいたりすることは減りました。

それでも黙って座り天井のあたりを、じっとみつめているので怖かったそうです。

「怖かった、というのは心霊的な意味で怖かったということですか？」

いいえ、自殺を示唆するようなことを口にしていますから。そっちの意味です。

ひと月が経ったころ、お兄さんが借りていたアパートを解約することになりました。その片付けの手伝いのため例の友人につきあってもらい、Wさんは再びアパートに行きました。荷物を段ボールに詰めていると、友人が気付いたそうです。

あそこの壁に、顔みたいな落書きあったよね。消えてるよ。

言われてWさんがみると確かに落書きがなくなっていました。そこの部分だけ壁紙がふやけたようになっていて。ぽつぽつとシミはあるが顔にはみえない。

鍵をかえすとき大家は壁をみて「また雨漏りだ、仕方ないねこの建物は」と言ったそうです。

「なるほど。つまり壁の顔は落書きではなく、漏水によってできたものだった。

病んでいるお兄さんがそれをみて、おんなの顔と認識してしまった」

そう。ただWさんも友人も、前は顔にみえたというのは間違いないそうです。

漏水ですから、日によって乾燥したり、また染みだしたりするでしょうし。状態が変化するので、その日は顔にみえたのでしょう。落書きと思うほどハッキリそうみえたのだと思います。お兄さんの言うことを信じていたワケではないですが安心したそうです。心霊現象ではなく、病なら治る可能性がある。そう思いました。

ところがその日、実家に荷物を届けにいくと母親がWさんを呼んで「あの子、病気じゃなくて、本当になにか視えているのかもしれない」って言うんです。

どうしてそう思うの？　Wさんが尋ねました。すると「リビングであの子がみつめているところが変なの。気持ち悪い」と母親が答えました。もう長いあいだ、お兄さんはトイレに行く以外、リビングでじっと座っているだけの生活でしたから。

すぐにWさんはお兄さんのところへむかいました。怪しまれないように「お兄ちゃん、荷物持ってきたからね」と声をかけます。いつも通りお兄さんは反応しません。Wさんはその視線の先に目をやりました。思わず「あッ」と声をだしたそうです。

お兄さんがみつめていたのは天井の方向。水平になっている柱、梁が通っていたのですが、そこにアパートにあったシミ、髪の長い女性の顔が浮きでていました。

Wさんは立ちあがって近づき、目を凝らしました。やはり描かれたような感じのものので、あのときみた顔と同じ。高さがあり、お兄さんでも手が届かない位置に顔が浮きでています。これは落書きなんかじゃない、そんな気がしてきました。

青ざめる彼女の後ろから、お兄さんが「そいつが、オレに、話しかけてくるんだよ。だから、オレ死にたい」と言いました。そのときお兄さん、笑ってたそうです。

「アパートから実家についてきた。とり殺そうとしているようにも感じますね」

でもWさんも両親も、柱の顔、おんなの声が聞こえたことは一度もありません。証言はお兄さんだけです。確かに実家の柱に顔はありましたが、本当にアパートでみた顔と同じかどうかは彼女の記憶に任されることになります。Wさんはいままでのことを整理しました。雰囲気に巻きこまれず、現実的に物事を考えたんです。

雨漏りでできたとされるアパートの壁の顔。実家の柱にでた顔。それらは誰もいないのを見計らって、お兄さん本人がなんらかの方法で描いた可能性があります。

お兄さんの話は支離滅裂で、なぜそんな状態になったのかは誰もわからない。

実際「死にたい」と何度も何度も主張している。

これらをまとめて、Wさんは両親と相談し、お祓いを受けさせることにしました。

「それは、お兄さんがとり憑かれていると判断したということでは？」

柱に顔がでたことによって、両親はそう信じていたみたいです。

けど、Wさんは「病院には通っているけど効果がない」のと「本人はとり憑かれているような言動をとる」ことから、建前の儀式でもいいから、お祓いを受けさせて、除霊ができたと本人に思わせたかったんです。それがプラシーボ効果のようになり、症状が改善するのではないかと考えた。霊のことを信じたワケではないです。

お祓いをしてくれるひとは両親がみつけたようです。ふたつほど県をまたいだ地方にある寺。そこにいる女性の住職だとか。四人で車に乗って、むかうことになりました。

「なるほど。それをきっかけに良い方向にむかうと。賢い行動かもしれませんね」

住職は門で到着するのを待っていてくれていました。挨拶を交わしあったあと、お兄さんをみるなり両親に「かなり重いですね。祓えるかどうかわかりませんが、できるだけのことはやってみます」と不安なことを言って四人を本堂に案内した。

Wさんと両親の三人は端からお祓いを見守りました。住職はお兄さんの背中をさすりながら「笑われたから悔しかったんでしょう」「あなたがそうなったのは、このひとのせいではない」「殺しても、なにもならない」と妙なことを言っていました。

住職が経を唱えだすと、お兄さんは肩を震わせ、声をあげて泣いたそうです。

父親は心配そうに、母親はハンカチを口にあてながらみていました。Wさんは意外に冷静で（テレビで観たことのある除霊と同じなんだ）と思っていました。

長かったみたいです。もう一時間半も経っていました。住職は汗だくです。突然お兄さんが激しく咳きこみ、住職は経を終わらせて、彼にお水を飲ませます。あっけらかんとした顔で、まわりをみています。Wさんたちにもお祓いが終わったことがわかりました。そのあと住職は小声でお兄さんと話をしていました。そこで気になる言葉が聞こえてきたそうです。内容はわかりませんが「お友だちはもう多分」「絶対に口にしては」「現場には二度と」「できれば警察に」という言葉です。

「え？　なんですかそれ、すごい気になります。なにか事件みたいなものですか？」

わからないんです。後日、両親が電話で尋ねたらしいのですが、住職は教えてくれませんでした。かなり重要なところなんですがね。なんだったのでしょうか。

「とにかく、その場でお兄さんはもとにもどったということなんですね」

その通りです。Wさんもそれには驚きで。言葉もなかったようです。

「住職にいくらくらい支払ったんでしょうかね。お祓いの料金は？」

ははっ。私もそれ聞きましたよ。お金は封筒に入れて持っていたのですが、住職は受けとらなかったそうです。そして「本人にも言いましたが、このことはできる限り話題にしないほうがいいかと。あと、顔は消えているから、しばらくは安心してください」

と聞いて両親は驚いた。柱の顔のこと、話してなかったみたいです。

「おお、それはすごい。知らない情報まで。なんか本物感ありますね、その住職は」

お兄さん自身も「よかった、本当にみんな、ありがとう」って、すっかり元気になっていました。Wさんも両親もお祓いって効くんだ、そう思ったそうです。ゆうれいなんていないと思っていたけど、ここまでお祓いが効くなら、やっぱりいるかもしれない、いや、いるんだ。帰りはそんなことをみんな笑顔で話していたらしいです。

家に到着するとみんなで柱をみにきました。出発のときにあった顔が消えています。そのせいもあってか、家族全員、そして家のなかの雰囲気もかなり明るくなった。

「お祓いがプラシーボ効果と同じ役割を果たし、家族みんなが明るくなった。彼女の予想通り、形式上の儀式だとわかっていても意味がある。自信につながり元気になった」

そういうこともあるでしょう。結局、彼がどんな悪さをしたのか、謎のままですが。

「そこが気になる箇所です。きっとお兄さんは浮きでた顔の女性に心当たりがあった」ですね。住職が口止めするくらいですから、ちょっと怖い理由がありそうですね。

「死にたい病はそれで治ったんでしょう？　やっぱお祓いがいちばん効果あるんだ」

ひとによって違います。結局、お兄さんは効くタイプではなかったのでしょう。

翌日、リビングで首を吊っていたそうです。

あとがきコメント

「開けてはいけない」　これ、タワーマンションだったらしいですよ。
「窓の友だち」　この手の話、次元系と呼んでいます。
「忠告にきたひと」　取材中、めちゃくちゃ寒かったｗ
「そんなのないよ」　すごく怒っていましたよ。そういう意味で怖かった。
「水面に立つ者」　意外に地方、関東人多いと思います。
「ぷかぷか浮いていた」　別の怪談本に載せなかった話です。
「久しぶりの電話」　電話の話、けっこうありますよね。まだきてないそうです。
「心霊スポットの帰り」　両方調べてわかることがたくさんあります。
「後部座席のお客」　お父さん、嬉しそうに話していたらしいですよｗ
「地下の駐車場」　地下ってなんであんな不気味なんでしょうね。
「点灯するセンサーライト」　この話のあと、余計なこと言うなと怒られました。
「吠えられるひと」　無駄吠えするワンちゃん、最近増えましたよね。
「しゃべる犬」　犬型受信機みたいって言ったらイヤな顔されました。すみません。
「怪読録」　なんか意外に変なこと多いんですよね、怪読録。
「視えるようになる」　長年やってるとこんな素敵ストーリーも。
「あたり前の権利」　もうね、このひとキライ。
「モテる男」　いいですね。うらやましい。
「ランニングコース」　私も足だけ鍛えてます。
「近すぎる顔」　このあともあって長いお話なんですが短くしました。
「もしもし、ワタシ」　これは又聞きです。
「もしもし、ヤバい」　これ私。よく聞きとれなかったけど多分マバタキさま。
「オーディション」　これも私。芝居のオーディションでしたね。懐かしい。
「嘘にしてしまった」　嘘にしない信念が大切ですね。
「申し訳ございません」　受付って、いろいろ大変。いつか社会問題になると思う。
「父親の幻覚」　これね、本当は六人なんです。戦慄。
「でてくる」　話長いのでわけました。この子、可愛いかったですｗ
「つかれてる」　実はパパは知りあいです。
「歩いてる」　お家は広いんですけどね。怖いとなんか損。
「拝み屋がくる」　ちょっとアクを強くし過ぎました。本当はもっと淡々としたひと。

「まだ、でてくる」　ちなみに現在は四年生です。もうでなくなったらしいですよ。残念。

「十七年前」　この夫婦、このあと一緒に呑みましたw
「十七年後」　この話、赤坂の店で料金払って聞く地獄。元気そうでなにより。

「心霊ではない」　ひとつの方向に原因を持っていくとロクなことがない。

「怪談好きなら」　これ、本当は「怪談師ならわかるでしょ」をやたら言われましたw
「天国では」　あの世になにもなかった、ずっとひとりみたいな話も多いです。寂し。

「部屋にきたひと」　伏せろっていわれたけど、実は心当たりあるそうな。

「きて」　このひとなんか妙な迫力がありました。元気してるのかな。

「暗号」　わかったかな？　最後の四行です。

「近所の会話」　ホントは三人でしゃべって、ひとりは視えていませんでした。

「寄せる部屋」　高松さん、ありがとうございます。

「窓に浮かぶ顔」　実際はもっとエッチな話です。

「乗車してきた男」　○○さんのマネージャーさんの話です。

「ジュースの話」　これ好き。

「命乞いする霊」　ツボの除霊、本番は転がり回るんですよ。生き物みたいに。

「終わってる会」　旧校舎とり壊しになってもきていたそうです。うへえ。

「歯が好き」　これはね、ヤバいんで変えました。本当はもっと酷い話です。

「怪談部屋」　スパチャしてやってください。あいつ貧乏なんでw
「明るさ関係してる説」　このあとすっ転んで、頭打つところカットしました。

「オンライン飲み会」　ちなみに本当はもうひとりも変なことがありました。

「店が満席だった話」　私がなぜかおごる羽目になりました。なんか理不尽。

「あぶない催眠術」　カットしましたが本当は稲荷神社の公園です。

「駐車場のおんな」　皆さん、がんばりましょう。

「受け継がれる不幸」　この話はもっと長いです。長編すぎて。

「箱に入った人形」　私もブース借りてなにかしたいですね。

「お祓いの重要性」　本当はなにしたかなんとなくわかってます。怖くて書けない。


ご協力頂いたみなさま、ありがとうございました。

糸柳寿昭

怪談聖　あやしかいわ

2021年6月4日　初版第1刷発行

著者……………………………………………………………………… 糸柳寿昭
デザイン・DTP ……………………………………………… 荻窪裕司（design clopper）

発行人…………………………………………………………………… 後藤明信
発行所………………………………………………………………… 株式会社 竹書房
〒102-0075　東京都千代田区三番町８－１　三番町東急ビル６F
email：info@takeshobo.co.jp
http://www.takeshobo.co.jp
印刷所……………………………………………………… 中央精版印刷株式会社